HENDRIX MOLOY

Apprendre à Influencer

Le Guide Pratique pour Devenir un Leader Efficace sans Effort Excessif

DEBOUYA EDITIONS

Sommaire

Il y avait une époque où je pensais que le succès dépendait uniquement du talent. Je croyais qu'en travaillant dur et en me spécialisant dans un domaine particulier, j'atteindrais mes objectifs. Cependant, avec le temps, j'ai réalisé qu'il manquait quelque chose.

J'ai commencé à remarquer que certains individus, malgré un talent comparable voire inférieur, obtenaient des résultats impressionnants. J'étais perplexe. Comment cela était-il possible ? C'est à ce moment-là que j'ai commencé à comprendre le véritable pouvoir de l'influence.

Le concept d'influence m'était nouveau, alors je me suis lancé dans une quête pour découvrir ses secrets. J'ai lu d'innombrables livres, assisté à des conférences et suivi des cours en ligne, mais je n'arrivais pas à l'apprivoiser. Chaque échec me laissait déçu et frustré, mais également déterminé à comprendre. Je ne voulais pas seulement apprendre à influencer les autres, je voulais comprendre comment certaines personnes arrivaient à inspirer, motiver et entraîner les autres dans leur sillage.

Un jour, j'ai rencontré une femme qui a changé ma perception de l'influence. Elle n'était pas particulièrement charismatique ou imposante, mais elle avait un talent incroyable pour provoquer des changements positifs. Elle m'a fait comprendre que l'influence n'est pas seulement une question de pouvoir, mais aussi de respect, d'empathie et d'authenticité. J'ai commencé à observer et à imiter son comportement, et peu à peu, j'ai vu des changements positifs dans ma vie.

Malgré ces progrès, mon voyage n'a pas été de tout repos. Il y a eu des moments de doute, des moments où j'ai pensé que tout était vain. Mais chaque échec, chaque rejet, chaque déception m'a seulement renforcé. J'ai appris à transformer ces obstacles en opportunités pour grandir et apprendre.

Finalement, j'ai réussi à devenir une personne influente dans ma communauté. J'ai appris à communiquer efficacement, à écouter activement et à comprendre les besoins et les désirs des autres. J'ai découvert que l'influence ne consiste pas à manipuler les autres, mais plutôt à les aider à voir les choses sous un nouvel angle, à croire en eux-mêmes et à réaliser leur potentiel.

Cette transformation a eu un impact profond sur ma vie. Non seulement j'ai réussi à atteindre mes objectifs, mais j'ai aussi aidé les autres à réaliser les leurs. Inspiré par ce succès, j'ai décidé d'écrire ce livre pour partager mon expérience et les leçons que j'ai apprises.

Apprendre à influencer est un voyage qui nécessite patience, détermination et empathie. Ce n'est pas facile, mais je peux vous assurer que c'est une compétence qui vaut la peine d'être acquise. J'espère que mon histoire vous inspirera à vous lancer dans votre propre voyage d'apprentissage de l'influence, et je suis impatient de vous accompagner tout au long de ce parcours.

Quiz : Êtes-vous un Semeur d'Influence ?

1. Comment décririez-vous votre style de leadership ?

a. Autoritaire - Je donne des instructions claires et je m'attends à ce qu'elles soient suivies.

b. Laissez-faire - Je laisse les gens travailler à leur propre rythme.

c. Transformationnel - J'inspire et motive les gens à donner le meilleur d'eux-mêmes.

2. Comment réagissez-vous face au changement ?

a. Je résiste au changement et préfère m'en tenir à ce que je sais.

b. Je m'adapte au changement quand je dois le faire.

c. J'accueille le changement comme une occasion d'apprendre et de grandir.

3. Comment décririez-vous votre relation avec les membres de votre équipe ?

a. Professionnelle - Je garde une distance respectueuse.

b. Amicale - Nous passons du temps ensemble en dehors du travail.

c. Empathique - Je cherche à comprendre leurs besoins et préoccupations.

4. Que faites-vous lorsque vous faites une erreur ?

a. Je l'ignore ou je la nie.

b. J'en prends note et j'essaie de ne pas la répéter.

c. Je l'admet ouvertement, j'apprends de cette expérience et j'essaie de m'améliorer.

5. Comment gérez-vous les conflits au sein de votre équipe ?

a. Je les ignore en espérant qu'ils se résoudront d'eux-mêmes.

b. Je prends parti pour la personne qui a, selon moi, raison.

c. J'écoute toutes les parties, je facilite le dialogue et je recherche une solution mutuellement bénéfique.

6. Comment encouragez-vous la créativité et l'innovation dans votre équipe ?

a. Je préfère que nous nous en tenions aux méthodes éprouvées.

b. J'encourage de nouvelles idées, mais seulement si elles ne perturbent pas trop le flux de travail.

c. Je valorise et stimule activement la pensée créative et le questionnement du statu quo.

7. Comment décririez-vous votre capacité à influencer les autres ?

a. Je ne suis pas sûr(e) d'avoir une influence sur les autres.

b. J'ai une influence sur certains individus, mais pas sur tous.

c. J'ai la capacité d'influencer les autres de manière positive, en les inspirant et en les motivant.

8. Quelle importance accordez-vous à l'authenticité ?

a. Je pense qu'il est parfois nécessaire de masquer ses véritables sentiments pour être un bon leader.

b. Je suis authentique la plupart du temps, mais il y a des moments où je me retiens.

c. Je valorise l'authenticité et je cherche à être moi-même en toutes circonstances.

9. Comment vous positionnez-vous par rapport aux décisions éthiques ?

a.   Je prends des décisions en fonction de ce qui est le plus avantageux pour moi.

b. Je suis généralement éthique, mais il peut y avoir des exceptions.

c.   Je m'efforce toujours de prendre des décisions éthiques, même quand elles sont difficiles.

10. En tant que leader, quel est votre objectif principal ?

a. Obtenir des résultats, peu importe comment.

b. Assurer la satisfaction et le bonheur de mon équipe.

c. Inspirer, motiver et développer les membres de mon équipe pour qu'ils atteignent leur plein potentiel.

Interprétation

Si la plupart de vos réponses sont des A, ne vous inquiétez pas. Ce livre est précisément conçu pour vous aider à comprendre et à développer les compétences nécessaires pour devenir un semeur d'influence. Avec de l'ouverture d'esprit et de la volonté d'apprendre, vous pouvez devenir le leader influent que vous aspirez à être.

Si vos réponses se situent principalement dans la catégorie B, vous avez certains attributs d'un semeur d'influence, mais il y a encore des domaines que vous pouvez améliorer. Ce livre vous fournira des outils et des techniques pour développer davantage votre potentiel de leadership.

Si vous avez choisi majoritairement des réponses C, vous êtes déjà un semeur d'influence. Vous avez une approche transformationnelle du leadership et vous êtes bien équipé pour naviguer dans le paysage moderne du travail. Ce livre est fait pour vous ; il vous aidera à affiner encore plus vos compétences en leadership.

Introduction

L'influence est bien plus qu'un simple mot à la mode dans le monde des affaires d'aujourd'hui. Elle est devenue une compétence essentielle, que ce soit pour convaincre un collègue, persuader un client ou motiver une équipe. L'influence n'est pas seulement réservée aux leaders, elle est nécessaire à tous les niveaux d'une organisation et dans toutes les sphères de la vie. Dans ce livre intitulé "Apprendre à influencer", nous allons explorer ensemble l'art de l'influence, dans toute sa subtilité et son efficacité.

L'influence ne consiste pas à manipuler ou à contrôler les autres. Au contraire, elle repose sur l'authenticité, la confiance et le respect mutuel. L'influence est l'art d'inspirer les autres à agir de leur propre gré, parce qu'ils croient en vous et en votre message.

Au cours des prochains chapitres, nous allons démystifier les secrets de l'influence. Vous découvrirez des stratégies éprouvées pour devenir un leader d'opinion respecté, des techniques pour gagner la confiance et le respect des autres, ainsi que des méthodes pour utiliser votre influence de manière éthique et positive.

Ce livre s'adresse à vous, peu importe où vous en êtes dans votre parcours. Que vous soyez un leader expérimenté cherchant à affiner vos compétences en influence, un professionnel en début de carrière désirant se faire remarquer ou simplement quelqu'un qui aspire à avoir un impact positif sur les personnes qui l'entourent, vous trouverez ici des conseils pratiques et des techniques tangibles pour améliorer votre capacité à influencer.

Alors, commençons ensemble ce voyage passionnant pour découvrir l'art de l'influence. Il est temps de débloquer le pouvoir de l'influence et de transformer votre façon d'interagir avec le monde.

Partie I : La compréhension de l'influence

I

Chapitre 1

Le semeur d'influence

1.1 : Devenir un leader dans la nouvelle génération

La nouvelle génération de leaders, autrement dit ceux qui influencent et sèment des idées, adopte une approche différente du leadership traditionnel. Le leadership de la nouvelle génération va au-delà de la simple possession d'une position d'autorité. Il exige une véritable compréhension de ce que signifie influencer les autres, le tout dans le but de créer un changement positif.

Pour commencer, l'essence du leadership moderne réside dans la capacité à inspirer et à motiver. Il ne s'agit pas simplement de donner des ordres ou de contrôler les actions des autres, mais d'inspirer les gens à donner le meilleur d'eux-mêmes, à chercher des solutions innovantes et à travailler ensemble pour atteindre des objectifs communs.

Devenir un leader dans la nouvelle génération requiert une approche holistique du leadership. Il est essentiel d'avoir une vision claire et une passion pour ce que vous faites. Le leadership ne se limite pas à l'individu, mais englobe l'équipe, l'organisation et même la société dans son ensemble.

Les leaders de la nouvelle génération sont empathiques. L'empathie est une compétence clé pour comprendre les besoins, les préoccupations et les motivations des autres. Elle permet de créer un environnement où chaque personne se sent comprise et valorisée, favorisant ainsi un engagement et une performance plus élevés. En démontrant de l'empathie, vous montrez que vous comprenez les défis auxquels les autres sont confrontés et que vous êtes disposé à les aider à les surmonter.

Le leadership de la nouvelle génération est également centré sur la collaboration. Cela implique d'écouter les idées de tous, de favoriser la diversité des opinions et de promouvoir un environnement de travail inclusif. La collaboration encourage la créativité, l'innovation et l'efficacité, des qualités essentielles pour la réussite d'une organisation à l'ère du numérique.

La nouvelle génération de leaders se caractérise également par son adaptabilité. Dans un monde en constante évolution, avec des avancées technologiques rapides et un paysage économique en mutation, les leaders doivent être capables de s'adapter et de se réinventer. Ils doivent être prêts à remettre en question le statu quo, à prendre des risques calculés et à apprendre de leurs erreurs.

De plus, l'authenticité joue un rôle crucial dans le leadership de la nouvelle génération. Les gens sont attirés par les leaders qui sont vrais, qui sont eux-mêmes et qui montrent de la vulnérabilité. Les leaders authentiques ne craignent pas de montrer leur humanité, ils sont prêts à admettre leurs erreurs et à demander de l'aide quand ils en ont besoin.

Pour finir, les leaders de la nouvelle génération doivent aussi être des modèles. Ils doivent montrer par l'exemple comment agir de manière éthique, traiter les autres avec respect et travailler dur pour atteindre leurs objectifs.

Devenir un leader dans la nouvelle génération demande du dévouement, de l'engagement et un désir profond de faire une différence positive dans le monde. C'est un voyage qui nécessite de l'auto-réflexion, de l'apprentissage continu et une volonté d'embrasser le changement.

Chaque individu a en lui le potentiel d'influencer positivement son environnement. Avec les bonnes compétences, l'attitude appropriée et une véritable passion pour ce qu'ils font, tous peuvent devenir des leaders de la nouvelle génération. Reste la question : Comment transformer ce potentiel en action concrète ? Comment développer ces compétences et attitudes essentielles pour devenir un véritable semeur d'influence ? C'est à ces questions que nous tenterons de répondre dans les prochains sous-chapitres.

1.2 : Les caractéristiques d'un semeur d'influence

Pour comprendre les subtilités des leaders d'influence, il est crucial de prendre en compte leurs caractéristiques clés. Leurs traits de personnalité, leurs compétences, leur intelligence émotionnelle, tous ces aspects font la différence entre un simple leader et un véritable semeur d'influence.

- ***Empathie et compréhension***

L'empathie est la capacité de comprendre et de partager les sentiments des autres. C'est une caractéristique essentielle pour un semeur d'influence. Il doit être capable de se mettre à la place des autres pour comprendre leurs besoins, leurs désirs, leurs peurs et leurs aspirations.

Une fois que cette compréhension est établie, le leader d'influence est en mesure d'orienter ses actions en conséquence. Il ne s'agit pas de manipuler, mais de répondre aux attentes des personnes concernées de manière authentique et respectueuse.

Un exemple frappant de cela peut être vu dans la vie de Nelson Mandela. Durant son mandat en tant que président de l'Afrique du

Sud, il a constamment fait preuve d'empathie envers ses concitoyens, et en particulier envers ceux qui avaient souffert de l'apartheid. C'est cette empathie qui a contribué à son immense influence et à son leadership.

- ***La communication***

Un semeur d'influence doit maîtriser l'art de la communication. Cela comprend non seulement la capacité à exprimer clairement ses idées et ses pensées, mais aussi la capacité à écouter activement et à comprendre ce que les autres disent. Il s'agit de créer une véritable connexion avec les autres, en utilisant des mots qui inspirent, motivent et incitent à l'action. La communication ne se limite pas aux mots, elle englobe également le langage corporel et le ton de la voix, qui jouent tous un rôle dans la façon dont le message est perçu.

La communication est un élément central dans l'art de l'influence. En effet, l'un des traits distinctifs d'un semeur d'influence réside dans sa capacité à communiquer efficacement. Cela ne se limite pas à parler ou à exprimer des idées, mais aussi à écouter activement, répondre avec empathie et adapter son discours en fonction du public. La communication, pour un semeur d'influence, est une compétence complexe qui comprend plusieurs aspects.

- L'Art de l'Expression

Savoir articuler ses idées et ses sentiments de manière claire et précise est une compétence essentielle pour un semeur d'influence. Il s'agit de choisir les bons mots, d'organiser ses pensées de manière logique et de livrer son message de façon à ce qu'il soit facilement compris et retenu. Il ne s'agit pas seulement de transmettre des informations, mais aussi de susciter des émotions et de provoquer des actions.

Prenons l'exemple de Martin Luther King Jr. Son discours "I Have a Dream" est resté gravé dans l'histoire non seulement pour son contenu, mais aussi pour la façon dont il a été livré. King a su utiliser le langage de manière poétique et émotionnelle pour exprimer son rêve d'égalité et de liberté, touchant ainsi le cœur de millions de personnes et incitant à l'action pour le changement social.

- L'Écoute Active

L'écoute active est une autre compétence de communication essentielle pour un semeur d'influence. Il s'agit de prêter une attention totale à ce que l'autre personne dit, de comprendre le sens de ses mots, de saisir ses émotions non exprimées et de répondre de manière appropriée. L'écoute active implique aussi de poser des questions pour clarifier les points d'incertitude et de paraphraser pour montrer qu'on a bien compris.

Un leader d'influence qui maîtrise l'écoute active est capable de créer un sentiment de respect et de confiance, rendant les gens plus réceptifs à son influence. Il montre ainsi qu'il se soucie sincèrement des autres et de leurs préoccupations, ce qui est crucial pour établir des relations solides et durables.

- La Communication Non Verbale

La communication non verbale est tout aussi importante que la communication verbale pour un semeur d'influence. Les expressions faciales, les gestes, le langage corporel et le ton de la voix transmettent souvent plus d'informations que les mots eux-mêmes. Ils révèlent nos véritables sentiments et attitudes, et peuvent renforcer ou contredire notre message verbal.

Un semeur d'influence sait comment utiliser la communication non verbale pour augmenter son impact. Par exemple, un contact visuel constant peut montrer la confiance et l'honnêteté, un ton de voix calme peut apaiser les tensions et un sourire peut rendre quelqu'un plus accessible et sympathique. Cependant, il est important de se rappeler que la communication non verbale est largement influencée par la culture et peut être interprétée différemment dans différents contextes.

En somme, la communication est un outil puissant pour un semeur d'influence. Elle lui permet de transmettre ses idées, de comprendre les autres et de créer des liens significatifs. C'est à travers la communication que le semeur d'influence fait une différence, inspire le changement et laisse une empreinte durable.

- ***La vision***

Un leader d'influence a une vision. Il sait où il veut aller et il a une idée claire de la façon dont il peut y parvenir. La vision n'est pas seulement un rêve ou une aspiration, elle est ancrée dans la réalité et est soutenue par des plans concrets et réalisables. Un exemple célèbre de visionnaire d'influence est Steve Jobs. Il avait une vision claire de ce qu'il voulait réaliser avec Apple, et cette vision a conduit à des innovations qui ont changé le monde.

Au cœur de chaque leader d'influence se trouve une vision - un tableau clair et inspirant du futur qu'ils cherchent à créer. Comprendre l'importance de la vision et savoir comment la cultiver et la communiquer sont des aspects essentiels pour devenir un leader d'influence efficace.

- La Clarté de la Vision

La clarté est une caractéristique fondamentale de toute vision efficace. Un semeur d'influence doit avoir une idée précise de ce qu'il cherche à accomplir, pourquoi c'est important et comment il envisage de s'y prendre. Il ne s'agit pas seulement d'une image floue de ce que l'avenir pourrait être, mais d'un objectif clairement défini qui guide les actions et les décisions.

Un exemple notable est celui de John F. Kennedy, qui en 1961 a exposé une vision audacieuse : envoyer un homme sur la lune avant la fin de la décennie. Cette vision claire a mobilisé une nation entière, entraînant une série d'efforts coordonnés qui ont finalement conduit à l'atterrissage sur la lune en 1969.

- La Conviction en la Vision

Pour qu'une vision soit efficace, un semeur d'influence doit y croire profondément. Il doit être convaincu que cette vision est non seulement réalisable, mais aussi nécessaire et bénéfique. Cette conviction donne au leader la force de persévérer face aux défis et aux revers, et son enthousiasme et sa détermination sont contagieux, inspirant les autres à se joindre à lui dans sa quête.

- La Communication de la Vision

Une fois qu'une vision a été clairement définie et fortement soutenue, il est crucial de la communiquer efficacement aux autres. Un semeur d'influence doit être capable de partager sa vision de manière à inspirer, motiver et persuader.

Un exemple marquant est celui de Mahatma Gandhi, qui a utilisé des discours puissants et des symboles forts pour partager sa vision d'une Inde indépendante et pacifique. Sa capacité à communiquer sa vision de manière simple mais puissante a inspiré des millions de personnes à se joindre à sa cause.

En fin de compte, la vision est plus qu'un simple objectif ou une aspiration. C'est une force motrice qui donne un sens et une direction, inspire l'action et le changement, et sert de fondement à l'influence. Sans une vision claire et convaincante, un leader peut lutter pour inspirer les autres ou provoquer un impact significatif. Mais avec une vision forte, un semeur d'influence a le pouvoir de transformer la réalité, d'inspirer les gens et de laisser une empreinte durable. Comment cette compréhension de la vision façonne-t-elle votre propre chemin vers l'influence ?

- ***L'intégrité***

L'intégrité est une caractéristique fondamentale d'un semeur d'influence. Les personnes qui font preuve d'intégrité sont honnêtes, justes et dignes de confiance. L'intégrité engendre la confiance, qui est essentielle pour établir et maintenir des relations influentes.

Sans intégrité, toute tentative d'influence sera vaine, car les gens ne suivront pas un leader en qui ils ne peuvent pas avoir confiance.

En effet, l'influence véritable et durable ne peut se développer sans un socle solide d'intégrité. L'intégrité implique l'honnêteté, la transparence, le respect des engagements et une cohérence entre les paroles et les actes. Elle forge la confiance, le respect et la crédibilité, des éléments indispensables à tout leader d'influence.

- Honnêteté et Transparence

Un semeur d'influence doit faire preuve d'honnêteté en toutes circonstances. Il ne doit pas craindre de dire la vérité, même quand elle est inconfortable ou impopulaire. Il doit être transparent, partageant ses pensées et ses sentiments de manière ouverte et sans détour. La désinformation ou l'omission de faits importants peuvent entraîner une perte de confiance, qui est souvent difficile à regagner.

Prenez l'exemple de Nelson Mandela, qui était connu pour son honnêteté et sa transparence. Cette honnêteté lui a valu le respect de ses compatriotes et de la communauté internationale, et a renforcé son influence.

- Respect des Engagements

Un semeur d'influence doit respecter ses engagements. Il doit tenir ses promesses, respecter ses délais et honorer ses obligations. Le respect des engagements est un gage de fiabilité qui inspire confiance et respect. Les gens sont plus enclins à suivre et à soutenir une personne qui tient parole.

Par exemple, Mother Teresa était connue pour son engagement inébranlable envers les pauvres et les malades. Elle a consacré toute sa vie à aider les autres, respectant son engagement même face à des obstacles considérables. Cela a contribué à forger sa réputation d'intégrité et a renforcé son influence.

- Cohérence des Paroles et des Actes

Enfin, un semeur d'influence doit veiller à ce que ses paroles et ses actes soient cohérents. Il ne suffit pas de dire la bonne chose - il faut aussi faire la bonne chose. Cette cohérence renforce la crédibilité et l'authenticité, des qualités essentielles pour un leader d'influence.

Par exemple, Gandhi vivait selon le principe de "Satyagraha" ou "force de la vérité". Il prônait la non-violence et la désobéissance civile, et il a vécu selon ces principes, menant une vie simple et se mettant lui-même en danger pour protester contre l'injustice. Cette cohérence entre ses paroles et ses actes a fait de lui une figure d'influence mondiale.

En conclusion, l'intégrité est un pilier fondamental de l'influence. Un semeur d'influence doit agir avec honnêteté, respecter ses engagements et veiller à ce que ses paroles et ses actes soient en harmonie. Quels sont donc les aspects de votre propre intégrité que vous pourriez développer pour renforcer votre influence.

* **_L'authenticité_**

Un semeur d'influence est authentique. Il reste fidèle à lui-même et envers les autres. Il n'essaie pas de se faire passer pour quelqu'un d'autre, et il ne modifie pas ses opinions ou ses comportements pour se faire bien voir par autrui. L'authenticité permet aux leaders d'influence de développer des relations authentiques et significatives avec les autres. Les gens sont plus enclins à suivre et à écouter quelqu'un qui est sincère et véritable, plutôt que quelqu'un qui paraît faux ou superficiel. Dans ce contexte d'authenticité en tant que pierre angulaire de l'influence, explorons désormais les caractéristiques essentielles qui définissent un semeur d'influence et sa capacité à forger des relations significatives :

<u>Tableau 1 :</u> Caractéristiques du Semeur d'Influence

Caractéristique	Description
Empathie et compréhension	Capacité de se mettre à la place des autres, de comprendre leurs sentiments et de les partager.
Communication	Capacité à exprimer clairement ses idées et ses pensées, ainsi qu'à écouter activement et à comprendre les autres.
Vision	Capacité de visualiser où l'on veut aller et comment y parvenir, et à utiliser cette vision pour motiver et inspirer les autres.
Intégrité	Être honnête, juste et digne de confiance. Il s'agit de respecter ses engagements et agir en accord avec ses valeurs et principes.
Authenticité	Être vrai envers soi-même et envers les autres, sans prétendre être quelqu'un que l'on n'est pas.

Ces caractéristiques ne sont pas innées ; elles peuvent être développées et cultivées avec du temps, de l'effort et de la pratique. Chacun d'entre nous a le potentiel de devenir un semeur d'influence. Il suffit de se concentrer sur le développement de ces qualités et de rester fidèle à soi-même et à ses valeurs. Il n'existe pas de formule magique pour devenir un semeur d'influence. C'est un voyage, pas une destination. Chaque pas que vous faites sur ce chemin vous rapproche de votre objectif.

Ces qualités sont fondamentales pour tout leader d'influence et peuvent être cultivées et développées au fil du temps. Les leaders d'influence se distinguent par leur approche qui va bien au-delà de simplement diriger les autres. Ils s'efforcent activement de comprendre, de motiver et d'inspirer ceux qui les entourent. Alors, quelle sera votre prochaine étape sur ce chemin d'influence ?

Alors, quel sera votre prochain pas sur ce chemin d'influence ?

II

Chapitre 2

Les secrets de la persuasion

2.1 : L'art de la persuasion

L'art de la persuasion, lorsqu'il est correctement maîtrisé, peut devenir un outil extrêmement puissant. Il s'agit d'une compétence qui vous permet d'influencer les gens en faveur de votre point de vue, de modifier leurs attitudes et comportements, et d'influencer leurs décisions. Cependant, la persuasion est un art complexe qui nécessite bien plus que de simples techniques rhétoriques. Elle exige une compréhension profonde de la psychologie humaine, une connaissance claire de votre public et la capacité de raconter une histoire convaincante.

- ***Comprendre la psychologie humaine***

Le pouvoir de la persuasion repose en grande partie sur la compréhension de la psychologie humaine. Les personnes sont guidées par un ensemble complexe de motivations et de besoins, et comprendre ces facteurs constitue la première étape pour les influencer.

Réciprocité : Les êtres humains sont naturellement enclins à vouloir rendre la pareille lorsqu'ils reçoivent quelque chose. Si vous offrez quelque chose de valeur à quelqu'un, que ce soit un cadeau, un service, ou simplement une information utile, cette personne sera plus susceptible de vouloir vous rendre la pareille.

Engagement et cohérence : Les gens ont tendance à vouloir rester cohérents dans leurs actions et leurs croyances. Si vous pouvez amener quelqu'un à faire un petit engagement, il sera plus enclin à accepter des engagements plus importants par la suite pour rester cohérent.

Preuve sociale : Les individus se fient souvent aux actions et aux croyances des autres pour déterminer leur propre comportement. Si vous pouvez montrer que d'autres personnes approuvent ou soutiennent ce que vous proposez, vous aurez plus de chances de persuader votre public.

Sympathie : Les gens sont plus susceptibles d'être influencés par quelqu'un qu'ils aiment ou respectent. Cela peut être basé sur une variété de facteurs, tels que l'attrait physique, la similitude, les compliments, et le contact et la coopération répétés.

- ### Connaissance de votre public

Un aspect fondamental de l'art de la persuasion est de bien connaître votre public. Comprendre leurs besoins, leurs désirs et leurs craintes vous permettra de personnaliser votre message de manière à le rendre le plus convaincant possible.

Nécessités et désirs : Les individus sont motivés par un ensemble complexe de nécessités et de désirs. Il est crucial de comprendre ce qui motive votre public afin de pouvoir cibler ces motivations dans votre argumentation persuasive.

Peurs et inquiétudes : Les peurs et les inquiétudes peuvent également être des outils puissants de persuasion. En adressant ces peurs, vous pouvez montrer à votre public comment votre proposition peut aider à les soulager.

Attitudes et croyances : Chaque individu a un ensemble unique d'attitudes et de croyances qui influencent son comportement. En comprenant ces attitudes et ces croyances, vous pouvez adapter votre message pour qu'il résonne avec votre public.

- ***Raconter une histoire convaincante***

L'art de raconter des histoires est une composante essentielle de la persuasion. Les histoires sont plus engageantes et mémorables que de simples faits ou arguments, et elles permettent de faire appel à l'émotion, un facteur clé dans la prise de décision.

Créer une connexion émotionnelle : Les histoires peuvent aider à établir une connexion émotionnelle avec votre public. Cette connexion peut rendre votre public plus réceptif à votre message et augmenter son impact.

Faire appel à l'imagination : Les histoires permettent de faire appel à l'imagination de votre public. En visualisant votre message dans le contexte d'une histoire, votre public peut mieux comprendre et se souvenir de votre argument.

Incorporer des preuves et des exemples : Les histoires sont également un excellent moyen d'incorporer des preuves et des exemples pour soutenir votre argument.

Ce voyage fascinant dans l'art de la persuasion dévoile les rouages internes de cette compétence essentielle. Tout au long de ce voyage, nous avons découvert les principes fondamentaux qui régissent la psychologie humaine, l'importance de comprendre notre public, ainsi que le pouvoir incroyable des histoires. Mais ces découvertes ne représentent que la pointe de l'iceberg. Dans le prochain sous-chapitre, nous plongerons plus profondément pour explorer des techniques de persuasion plus avancées qui peuvent vous aider à affiner davantage cet art. Restez à l'écoute pour découvrir comment vous pouvez maîtriser l'art de la persuasion et devenir un véritable semeur d'influence.

2.2 : Les techniques de persuasion efficaces

Entrer dans l'art subtil de la persuasion nécessite une compréhension approfondie des techniques efficaces pour influencer les opinions, les attitudes et les comportements. Cela va au-delà de la simple communication ; la persuasion est un processus délicat nécessitant habileté, stratégie et compréhension humaine. Plongeons-nous dans les détails de certaines des techniques les plus puissantes de persuasion.

- ### *Le Principe de Réciprocité*

La réciprocité est une loi sociale puissante. Elle repose sur l'idée selon laquelle, si quelqu'un fait quelque chose pour vous, vous vous sentirez obligé de lui rendre la pareille. Ce principe est couramment utilisé dans le marketing, où les entreprises offrent des échantillons gratuits pour encourager les achats futurs.

Application pratique : Imaginez être à un dîner où l'hôte vous offre un cadeau inattendu. Instinctivement, vous ressentez une pression interne pour offrir quelque chose en retour. C'est le principe de réciprocité à l'œuvre.

- ### *Le Principe de Consistance*

Les gens ont un désir intrinsèque de rester cohérents dans leurs déclarations et leurs actions. Une fois qu'un engagement est pris, en particulier s'il est exprimé publiquement, il est plus probable qu'il soit respecté pour maintenir une image cohérente.

Application pratique : Prenons l'exemple d'une campagne de perte de poids. Si une personne annonce publiquement ses objectifs de perte de poids, elle est plus susceptible de s'y tenir pour rester cohérente avec son engagement.

- ### *Le Principe de Preuve Sociale*

Les êtres humains ont tendance à regarder le comportement des autres pour déterminer le leur. En d'autres termes, si un grand nombre de personnes approuve une idée ou un produit, les autres sont plus susceptibles de faire de même.

Application pratique : Les témoignages de clients et les critiques en ligne sont des exemples de preuve sociale. Si une multitude de personnes recommande un restaurant, vous êtes plus susceptible de l'essayer.

- ### **Le Principe de Sympathie**

Nous sommes plus susceptibles d'être influencés par des personnes que nous aimons ou que nous trouvons attirantes. Cette sympathie peut être construite sur des similitudes, des compliments et du contact positif.

Application pratique : Pensez à une personne que vous appréciez particulièrement, peut-être parce qu'elle a des intérêts similaires aux vôtres. Si cette personne vous recommande un livre, vous êtes plus enclin à le lire.

- ### **Le Principe d'Autorité**

Les gens ont tendance à suivre les directives des figures d'autorité ou des experts dans un domaine particulier. Le respect de l'autorité est profondément ancré dans notre éducation et notre culture.

Application pratique : Si un médecin vous donne des conseils de santé, vous êtes plus susceptible de les suivre que si ces conseils venaient d'un ami, parce que vous reconnaissez l'autorité du médecin en matière de santé.

- ### **Le Principe de Rareté**

Les choses qui sont rares ou perçues comme limitées ont tendance à être plus désirables. L'idée que nous pourrions manquer une opportunité peut nous pousser à agir.

Application pratique : Considérez les ventes flash en ligne où un produit est disponible pour une durée limitée. La rareté perçue crée un sentiment d'urgence qui peut nous pousser à acheter.

Ces principes ne sont que la pointe de l'iceberg lorsqu'il s'agit des techniques de persuasion. Chacun d'eux s'articule autour de notre nature humaine et de nos désirs profonds. Les connaître et comprendre comment les mettre en pratique peut ouvrir des portes à une influence plus profonde et plus significative.

Cela dit, l'efficacité de ces techniques peut varier en fonction de la situation et des individus impliqués. Elles nécessitent une application délibérée et éthique. Dans le prochain sous-chapitre, nous aborderons la psychologie derrière ces techniques et comment elles affectent notre cerveau. Alors, comment ces techniques fonctionnent-elles exactement à un niveau plus profond ? Qu'est-ce qui rend notre cerveau réceptif à la persuasion ? Restez avec nous pour le découvrir.

En poursuivant notre analyse, plongeons plus profondément dans chaque technique de persuasion, en examinant leurs descriptions et leurs applications pratiques :

Tableau 2 : Les différentes techniques de persuasion - Description et application pratique

Technique de persuasion	Description	Application pratique
Principe de réciprocité	Si quelqu'un fait quelque chose pour vous, vous vous sentirez obligé de lui rendre la pareille.	Offrir un échantillon gratuit pour encourager les achats futurs.
Principe de consistance	Les gens ont tendance à rester cohérents dans leurs déclarations et leurs actions.	Annoncer publiquement ses objectifs pour rester motivé à les atteindre.

Principe de preuve sociale	Les gens suivent souvent le comportement des autres.	Utiliser des témoignages de clients pour attirer de nouveaux clients.
Principe de sympathie	Nous sommes plus susceptibles d'être influencés par des personnes que nous aimons ou trouvons attrayantes.	Recourir à des ambassadeurs de marque appréciés pour promouvoir un produit.
Principe d'autorité	Les gens ont tendance à suivre les directives des figures d'autorité ou des experts.	Les conseils de santé donnés par un médecin sont plus susceptibles d'être suivis.
Principe de rareté	Les choses rares ou perçues comme limitées ont tendance à être plus désirables.	Créer un sentiment d'urgence avec des ventes flash en ligne.

Ces principes peuvent servir de base pour développer des stratégies de persuasion efficaces. Cependant, il est crucial de se rappeler que chaque situation est unique et nécessite une adaptation appropriée des techniques pour obtenir les résultats souhaités.

Nous explorerons ces nuances et bien d'autres encore dans les chapitres suivants.

III

Chapitre 3

La science de l'influence

3.1 : La psychologie derrière l'influence

L'influence est ancrée dans les fondements mêmes de notre interaction sociale. C'est un outil puissant qui, lorsqu'il est correctement utilisé, peut transformer les perspectives, changer les comportements et même façonner des sociétés. Pour comprendre ce pouvoir, nous devons d'abord explorer la psychologie sous-jacente à l'influence.

Pour commencer, il est crucial de comprendre que l'influence n'est pas un art abstrait, mais plutôt une science sociale basée sur des principes psychologiques solides. Ces principes, tels que la réciprocité, l'engagement et la cohérence, l'autorité, la preuve sociale, l'appréciation et la rareté, sont souvent appelés les "six principes de l'influence", établis par le psychologue renommé Robert Cialdini.

- ***La réciprocité***

Le principe de la réciprocité stipule que nous avons une inclination naturelle à vouloir rendre la pareille quand quelqu'un nous fait une faveur ou nous offre un cadeau. Cette inclination découle d'un désir profondément enraciné d'équilibrer les échanges sociaux et d'éviter d'être redevable envers autrui.

Prenez, par exemple, le simple geste d'offrir une tasse de café à un collègue. Cette action apparemment insignifiante peut ouvrir la porte à une plus grande influence sur le collègue, qui pourrait se sentir obligé de rendre la pareille à l'avenir.

- **L'engagement et la cohérence**

L'engagement et la cohérence sont un autre principe essentiel de la psychologie de l'influence. Une fois que nous nous engageons publiquement à une certaine action ou idée, nous nous sentons psychologiquement obligés de maintenir cette cohérence, même face à des preuves contraires ou à des changements de circonstances.

Imaginons une situation où une personne promet publiquement de participer à une course caritative. Même si elle rencontre des difficultés d'entraînement ou si d'autres engagements entrent en conflit, elle est susceptible de suivre son engagement initial pour maintenir la cohérence entre ses paroles et ses actions.

- **L'autorité**

Le respect de l'autorité est un autre élément clé de la psychologie de l'influence. Les individus sont plus susceptibles d'être influencés par des personnes ou des institutions perçues comme faisant autorité ou possédant une expertise dans un domaine donné.

Par exemple, un médecin qui conseille un patient sur un traitement médical exerce une influence en raison de sa position d'autorité dans le domaine de la santé. De même, un professeur universitaire peut influencer l'opinion de ses étudiants en raison de son expertise et de son autorité dans son domaine d'enseignement.

- **La preuve sociale**

Le principe de preuve sociale repose sur le fait que les individus sont influencés par les actions et les opinions des autres. Lorsque nous sommes incertains, nous avons tendance à regarder les autres pour obtenir des conseils sur la façon de nous comporter.

Par exemple, si vous entrez dans un restaurant inconnu et voyez que la majorité des clients commandent un plat en particulier, vous pourriez être influencé pour commander le même plat, en supposant que si tant de personnes l'apprécient, il doit être bon.

- ***L'appréciation***

Les gens sont plus enclins à être influencés par des personnes qu'ils aiment ou apprécient. C'est ce qu'on appelle le principe de l'appréciation. Nous sommes plus susceptibles d'accéder à une demande si elle provient d'une personne que nous trouvons sympathique ou attirante.

Une illustration de ce principe peut être vue dans le domaine de la vente. Les commerciaux qui établissent une bonne relation avec leurs clients, qui les font rire ou leur font sentir qu'ils ont des intérêts communs, ont plus de chances de conclure une vente.

- ***La rareté***

Le dernier principe, la rareté, stipule que les individus attribuent une plus grande valeur aux ressources qui sont perçues comme étant limitées ou rares. Cette perception de rareté peut augmenter l'influence d'une offre ou d'une opportunité.

En marketing, cette technique est souvent utilisée pour inciter les clients à faire un achat. Par exemple, une entreprise peut limiter la disponibilité d'un produit ou mettre en place une offre à durée limitée pour créer un sentiment d'urgence et augmenter la demande.

Il est important de noter que si ces principes peuvent aider à comprendre l'influence, leur utilisation doit être équilibrée et éthique. L'influence peut être un outil puissant pour le bien, mais elle peut aussi être mal utilisée. Dans le prochain sous-chapitre, nous explorerons comment ces principes s'appliquent dans des situations réelles, et comment vous pouvez les utiliser pour devenir un leader d'influence dans votre propre vie.

3.2 : Les effets de l'influence sur le cerveau

L'influence n'est pas simplement un jeu de pouvoir et de manipulation ; c'est une science précise qui implique des processus complexes dans le cerveau humain. Comprendre ces processus peut nous aider à déchiffrer l'art de l'influence et à améliorer notre capacité à influencer positivement les autres. Examinons donc en détail les effets de l'influence sur le cerveau.

- **_Réponse émotionnelle_**

- Le rôle des émotions dans l'influence

Quand il s'agit d'influence, l'appel aux émotions est une stratégie puissante. Nos émotions peuvent nous motiver à agir et influencer nos décisions. En effet, elles agissent souvent comme un déclencheur, provoquant un changement de comportement en réponse à une situation donnée.

Pour illustrer ce point, prenons l'exemple d'une campagne de sensibilisation à la protection de l'environnement. Les images de forêts brûlées ou d'animaux souffrant à cause de la pollution peuvent susciter une réaction émotionnelle forte chez les téléspectateurs, allant de la tristesse à la colère, déclenchant un désir de changement. Cette réaction peut inciter les individus à modifier leurs comportements quotidiens, comme recycler davantage ou réduire leur consommation d'énergie.

- Influence et connexion émotionnelle

L'une des raisons pour lesquelles les émotions jouent un rôle aussi crucial dans l'influence est qu'elles facilitent la formation de connexions. Lorsque nous ressentons une émotion forte en réponse à une information ou à une situation, nous sommes plus susceptibles de nous souvenir de cette information et d'agir en conséquence.

En ce sens, l'influence est fortement liée à la narration. Une histoire bien racontée qui suscite des émotions peut être extrêmement influente. Par exemple, un leader qui raconte une histoire personnelle émouvante pour illustrer un point est plus susceptible de créer une connexion émotionnelle avec le public, favorisant ainsi l'acceptation du message transmis.

- Les émotions et la prise de décision

Il est également important de souligner que les émotions jouent un rôle crucial dans notre processus de prise de décision. Des recherches ont montré que, même lorsque nous pensons prendre des décisions basées uniquement sur la logique et les faits, nos émotions peuvent avoir un impact significatif sur le choix final.

Par exemple, si une personne a peur des hauteurs, cette émotion peut l'empêcher de prendre un emploi qui implique de travailler dans un immeuble de grande hauteur, même si l'offre est financièrement attrayante.

Comprendre l'importance de la réponse émotionnelle dans le cadre de l'influence peut nous aider à affiner nos techniques d'influence et à comprendre pourquoi certaines stratégies fonctionnent tandis que d'autres échouent. En tant qu'influenceurs, il est crucial d'apprendre à naviguer dans ce paysage émotionnel complexe pour maximiser notre impact.

- **Réponse cognitive**

La réponse cognitive aux tentatives d'influence représente une autre dimension fondamentale de l'impact de l'influence sur le cerveau. Cette dimension concerne notre pensée, notre apprentissage et notre compréhension. Le cerveau humain est un organe extraordinairement complexe, et sa fonction cognitive est continuellement sollicitée dans le traitement de l'information et la formation de jugements.

- L'influence et le traitement de l'information

La façon dont notre cerveau traite l'information est essentielle dans notre réponse à l'influence. Lorsqu'une information ou une idée est présentée d'une manière qui résonne avec nos croyances et nos valeurs existantes, notre cerveau est plus susceptible de l'accepter. Par exemple, si une personne estime que l'exercice physique est bénéfique pour la santé, elle sera plus encline à être influencée par un article qui recommande une nouvelle forme d'exercice.

Cela peut être illustré par un enseignant qui essaie de convaincre ses élèves de l'importance de l'étude régulière. S'il présente des recherches qui corroborent l'idée que l'étude régulière améliore les performances scolaires, les élèves qui accordent déjà de l'importance à leurs résultats scolaires seront plus susceptibles d'être influencés par cette information.

- L'influence et le changement de croyances

Dans certains cas, l'influence peut même conduire à un changement de nos croyances. Cela se produit lorsque l'information présentée défie efficacement nos croyances existantes. Un argument solide et convaincant peut provoquer une réévaluation de nos croyances et, dans certains cas, conduire à un changement d'opinion.

Par exemple, une personne peut croire fermement qu'elle n'a pas besoin d'un smartphone de dernière génération. Cependant, un article bien écrit présentant les avantages pratiques et les nouvelles fonctionnalités d'un modèle récent peut amener cette personne à réévaluer sa position et à envisager un achat.

-   L'influence et le renforcement des croyances

Parfois, l'influence peut avoir l'effet inverse et renforcer nos croyances existantes. Ce phénomène est connu sous le nom de biais de confirmation. Le biais de confirmation est la tendance à privilégier, rechercher, interpréter et se rappeler des informations qui confirment nos croyances préexistantes.

Par exemple, si une personne est un défenseur passionné des énergies renouvelables, elle sera plus encline à accepter et à promouvoir les informations mettant en évidence les avantages de ces sources d'énergie, tout en ignorant ou en discréditant les informations présentant des inconvénients.

Comprendre le rôle de la réponse cognitive face à l'influence est une étape clé pour devenir un influenceur efficace. Cette connaissance permet de formuler des arguments plus persuasifs et d'ajuster notre approche en fonction des croyances et des valeurs de notre public.

- **Réponse comportementale**

En complément des réponses émotionnelles et cognitives, l'influence a un impact direct sur notre comportement, qui est en fin de compte ce changement de comportement qui est l'objectif ultime de l'influence. Les modifications de nos actions, de nos habitudes ou de nos routines sont souvent les manifestations visibles et tangibles de l'effet d'une influence réussie.

-   Le lien entre l'influence et le changement de comportement

L'influence peut déclencher une variété de changements comportementaux allant de l'adoption de nouvelles habitudes de vie, comme manger plus sainement ou faire plus d'exercice, à des décisions importantes comme changer de carrière ou déménager dans une nouvelle ville.

Par exemple, les campagnes publicitaires peuvent influencer les choix des consommateurs en les incitant à essayer un nouveau produit, à changer de marque ou à adopter un nouveau style de vie.

- La récompense et la punition dans l'influence comportementale

L'une des méthodes les plus courantes pour influencer le comportement est l'utilisation de récompenses et de punitions. Cette approche est souvent employée dans l'éducation et la formation, où des récompenses (comme des éloges ou des prix) sont données pour encourager les comportements souhaités, tandis que des punitions (comme des réprimandes ou des conséquences négatives) sont utilisées pour décourager les comportements indésirables.

Par exemple, le dressage d'un chien implique de récompenser les obéissances et de punir les désobéissances pour encourager les comportements souhaités.

- L'influence sociale sur le comportement

L'influence sociale est un autre facteur majeur dans le changement de comportement. Les normes sociales, les attentes des pairs et les idéaux culturels peuvent tous influencer notre manière d'agir.

Prenons l'exemple du phénomène des défis viraux sur les réseaux sociaux. Les gens sont souvent influencés à participer à ces défis parce qu'ils voient leurs amis, leur famille ou des célébrités le faire. La pression sociale peut être un facteur puissant pour influencer notre comportement.

Comprendre la réponse comportementale à l'influence peut aider à développer des techniques d'influence plus efficaces. Il est crucial de se rappeler que le changement de comportement résulte souvent d'un mélange complexe de facteurs émotionnels, cognitifs et sociaux. Les influenceurs les plus efficaces sont ceux qui peuvent naviguer dans cette complexité et utiliser une combinaison d'approches pour atteindre leurs objectifs.

Maintenant que nous avons une bonne idée des effets de l'influence sur le cerveau, il est important de se rappeler que l'influence n'est pas une science exacte. Elle est aussi un art qui nécessite une bonne compréhension des émotions, de la cognition et du comportement humains. Cela nous amène à la question suivante : comment pouvons-nous utiliser ces connaissances pour devenir des influenceurs plus efficaces ? Il est temps d'explorer cette question dans les sections suivantes.

IV

Chapitre 4

La pratique de l'influence

4.1 : Mise en pratique de la théorie de l'influence

L'influence n'est pas simplement une compétence que vous possédez ou non ; c'est plutôt une capacité que vous pouvez affiner avec le temps, de l'expérience et, surtout, de la pratique. De nombreuses personnes ont une capacité innée à influencer les autres, mais le véritable maître de l'influence est celui qui comprend comment mettre en pratique la théorie dans différentes situations.

Imaginez une jeune recrue dans une entreprise. Elle est talentueuse et dévouée, mais elle est aussi la plus récente arrivée dans l'équipe et n'a pas encore acquis beaucoup d'influence. Pour être efficace et réussir dans son rôle, elle doit apprendre à naviguer dans l'organisation en gagnant l'adhésion et le soutien des autres, qu'ils soient subordonnés, collègues ou supérieurs hiérarchiques.

Une des premières étapes pour mettre en pratique la théorie de l'influence consiste à identifier qui détient le pouvoir dans un contexte donné. Dans notre exemple, la recrue pourrait commencer par observer et comprendre les dynamiques de pouvoir au sein de son équipe. Qui prend les décisions ? Qui semble avoir le dernier mot ? Comprendre ces éléments peut lui permettre d'identifier les personnes clés qu'elle devrait influencer pour atteindre ses objectifs.

Une fois ces personnes identifiées, elle doit ensuite comprendre ce qui les motive. Chaque individu a ses propres objectifs, besoins et désirs, et comprendre ces facteurs est essentiel pour influencer efficacement.

Par exemple, si un collègue est motivé par la reconnaissance publique, la jeune recrue pourrait utiliser cette information pour l'influencer en lui offrant une reconnaissance ou en lui donnant l'occasion de se démarquer.

Il est également important de prendre en compte le contexte dans lequel l'influence est exercée. Dans un environnement professionnel, par exemple, l'influence peut être différente de celle exercée dans un contexte social ou familial. Dans notre exemple, la recrue pourrait devoir adapter ses tactiques d'influence en fonction des différentes personnes et situations qu'elle rencontre.

Une autre partie importante de la mise en pratique de l'influence est la capacité à communiquer efficacement. La communication est un puissant outil d'influence qui englobe à la fois ce qui est dit (le message) et comment il est dit (la manière de le dire). Par exemple, l'employée pourrait influencer son superviseur en présentant ses idées de manière confiante et persuasive, tout en étant attentive à ses réactions et en ajustant sa communication en conséquence.

Une histoire en est un parfait exemple. Lors d'une réunion, un ingénieur a proposé une nouvelle solution pour un problème technique complexe. Au lieu de se lancer directement dans les détails techniques, il a d'abord expliqué comment cette solution bénéficierait à l'équipe et à l'entreprise dans son ensemble. En mettant l'accent sur les avantages plutôt que sur les détails techniques, il a réussi à obtenir le soutien de l'équipe pour sa proposition.

Un autre principe puissant pour influencer les autres est la réciprocité. Dans notre exemple, la recrue pourrait offrir son aide à un collègue dans le besoin. En agissant ainsi, elle crée une dette de gratitude qui peut inciter le collègue à rendre la pareille à l'avenir.

Il est important de rappeler que l'exercice de l'influence doit toujours être éthique. L'influence peut être une force puissante pour le bien, mais elle peut aussi être utilisée de manière abusive ou manipulatrice. En tant qu'influenceurs, nous devons nous efforcer de respecter les droits et la dignité des autres et d'utiliser notre influence de manière responsable.

En suivant ces principes, n'importe qui peut commencer à pratiquer l'influence dans sa vie quotidienne, que ce soit dans un environnement professionnel ou personnel. L'essentiel est de continuer à apprendre et à s'adapter, car le monde de l'influence est en constante évolution et demande une adaptation continue. Quels défis surmonterez-vous grâce à votre influence ? Quelles opportunités découvrirez-vous ?

4.2 : Études de cas : L'influence en action

Entamer une discussion sur l'influence et sa mise en pratique ne serait pas complet sans éclairer le sujet avec des exemples concrets. Les études de cas présentées ici sont l'illustration parfaite du pouvoir de l'influence en action.

L'histoire de Rosa Parks est un cas d'école d'influence personnelle. Le jour où elle a refusé de céder sa place dans un bus à un passager blanc, elle a exercé une influence extraordinaire sur le mouvement des droits civiques aux États-Unis. Son acte de défi, simple mais puissant, a conduit à l'abolition des lois sur la ségrégation raciale dans le pays. La clé de son influence réside dans la force de sa conviction et dans sa volonté d'agir malgré les risques personnels.

Dans le domaine des entreprises, l'exemple de Tesla Inc. est notable. Cette entreprise a réussi à exercer une influence considérable sur le secteur automobile en insistant sur le besoin de passer à des véhicules électriques. En défiant le statu quo et en investissant massivement dans la technologie des véhicules électriques, Tesla a non seulement accru sa propre influence, mais a également provoqué un changement dans toute l'industrie. Aujourd'hui, presque tous les grands constructeurs automobiles développent leurs propres modèles électriques.

La troisième étude de cas met en lumière l'influence exercée par le mouvement **#MeToo** sur la prise de conscience et la mise en lumière des agressions sexuelles et du harcèlement au travail. Ce mouvement a débuté avec un simple hashtag sur les réseaux sociaux, mais a rapidement pris de l'ampleur pour devenir une force mondiale pour le changement. Il a donné aux victimes le courage de partager leurs histoires et a incité les organisations à prendre des mesures pour prévenir et gérer le harcèlement sexuel.

Ces trois cas illustrent différents aspects de l'influence. Rosa Parks a montré que l'influence peut découler d'actes individuels de courage et de conviction. Tesla Inc. a démontré que l'influence peut être exercée en défiant le statu quo et en encourageant l'innovation. Le mouvement **#MeToo** a illustré le pouvoir de l'influence collective pour provoquer des changements sociaux.

Il est important de noter que l'influence peut aussi être utilisée de manière négative. Les dirigeants autoritaires, par exemple, peuvent exercer une influence en exploitant les peurs et les préjugés. Les entreprises peuvent user de leur influence pour échapper à la régulation et maximiser leurs profits aux dépens de l'environnement ou du bien-être des travailleurs.

La pratique de l'influence est un art qui nécessite une compréhension profonde des motivations humaines et une capacité à naviguer dans les dynamiques de pouvoir. Les personnes qui maîtrisent cet art peuvent utiliser leur influence pour atteindre leurs objectifs, qu'il s'agisse de changer le monde ou simplement d'améliorer leur situation personnelle.

Toutefois, il est crucial de se rappeler que l'influence n'est pas une fin en soi. Elle est un outil qui peut être utilisé pour accomplir des choses importantes. Ainsi, plutôt que de se concentrer uniquement sur l'accumulation de l'influence, il est préférable de se concentrer sur l'usage de cette influence pour créer un impact positif.

Chaque individu a la capacité d'exercer une influence. Il ne s'agit pas seulement de personnes célèbres ou de dirigeants d'entreprises. En adoptant une attitude positive, en prenant des initiatives et en se tenant debout pour ce qui est juste, chaque personne peut devenir une source d'influence.

En étudiant ces exemples et en les analysant, il est possible d'identifier les stratégies et les tactiques qui ont permis à ces individus et organisations d'exercer une influence significative. Ce savoir peut ensuite être appliqué dans d'autres contextes, que ce soit dans la vie personnelle, dans le monde des affaires ou dans le domaine du changement social.

Il reste encore beaucoup à apprendre sur le sujet de l'influence. Les exemples présentés ici ne sont que la pointe de l'iceberg. Il existe d'innombrables autres cas d'influence en action qui méritent d'être explorés et analysés. Chacun de ces cas offre des leçons précieuses sur la façon dont l'influence peut être exercée efficacement et de manière éthique.

Partie II : L'art subtil de l'influence

V

Chapitre 5

Le pouvoir caché

5.1 : L'influence invisible

Au cœur d'un paysage urbain animé, imaginez une humble abeille collectant du nectar dans un parc. Elle passe d'une fleur à l'autre, sans faire de bruit. Pourtant, elle exerce une influence massive sur l'écosystème, bien que ce soit de manière indirecte et largement invisible. Elle pollinise les fleurs, ce qui permet la reproduction des plantes et la production de fruits. Cette influence invisible est également présente dans le domaine humain, où elle est tout aussi puissante.

- ***L'énergie de l'influence invisible***

Si vous avez déjà participé à une réunion et ressenti un changement palpable d'humeur ou d'énergie sans qu'un mot ne soit prononcé, vous avez ressenti l'énergie de l'influence invisible. Elle peut se présenter sous de nombreuses formes, mais sa présence est presque toujours ressentie plutôt que vue.

L'influence invisible est comme un courant qui circule sous la surface. Il peut être discret, mais sa capacité à déplacer, à modifier et à orienter est indéniable. Imaginez un courant sous-marin puissant qui guide les navires sans qu'ils ne s'en rendent compte, ou l'effet d'un vent doux sur les branches d'un arbre.

Dans le contexte humain, l'influence invisible peut être vue comme l'énergie qui anime nos interactions et façonne nos relations. Par exemple, une personne charismatique peut exsuder une influence invisible, incitant les autres à l'écouter, à l'apprécier et à la suivre, même sans mots explicites ou actions ostentatoires.

De même, une mère peut exercer une influence invisible sur son enfant, en formant ses valeurs et ses attitudes à travers son comportement quotidien. Les leaders d'opinion, qu'il s'agisse de personnalités publiques ou de leaders d'opinion dans nos propres cercles sociaux, exercent également une influence invisible à travers leurs idées et leur comportement.

Cela dit, l'énergie de l'influence invisible ne se limite pas à la dynamique interpersonnelle. Elle est aussi à l'œuvre à plus grande échelle, façonnant les tendances culturelles, les normes sociales et les mouvements politiques.

Par exemple, considérez comment une idée innovante peut se répandre parmi les membres d'une communauté ou d'une société, influençant progressivement les attitudes et les comportements à une échelle beaucoup plus large. Ou comment les normes sociales peuvent évoluer au fil du temps sous l'influence d'un changement subtil mais constant des attitudes et des croyances.

Cependant, alors que l'énergie de l'influence invisible peut être puissante, elle n'est pas toujours facile à manœuvrer. Comme le courant sous-marin, elle peut être difficile à détecter et à comprendre. Il est nécessaire d'avoir une conscience aiguë et une sensibilité à la dynamique subtile qui se joue sous la surface. De plus, une fois que nous sommes capables de percevoir et de comprendre cette énergie, l'art de la manier efficacement pour inspirer, motiver et influencer peut nécessiter une pratique patiente et réfléchie.

En fin de compte, l'énergie de l'influence invisible est une force puissante qui façonne le cours de nos vies individuelles et collectives. En prenant le temps de comprendre et de maîtriser cette énergie, nous pouvons devenir des agents plus efficaces de changement positif, que ce soit dans nos propres vies, dans nos communautés ou dans le monde en général.

Pour comprendre davantage comment exploiter l'énergie de l'influence invisible, le prochain segment se penchera sur des exemples concrets d'utilisation de l'influence invisible en action et comment vous pouvez commencer à manier ce pouvoir subtil mais puissant.

- ***L'influence invisible en action***

Pour comprendre le concept de l'influence invisible, il peut être utile d'examiner des exemples concrets de son fonctionnement dans diverses situations et domaines. Que ce soit dans les relations interpersonnelles, les dynamiques de groupe ou même à l'échelle de la société dans son ensemble, l'influence invisible est constamment à l'œuvre, souvent de manière imperceptible.

- L'influence invisible dans les relations

Dans les relations interpersonnelles, l'influence invisible peut prendre de nombreuses formes. Imaginez un couple marié où l'un des partenaires change progressivement ses habitudes alimentaires pour adopter un régime plus sain. Au fil du temps, l'autre partenaire commence à adopter ces nouvelles habitudes, non pas par obligation directe, mais par une influence subtile et constante.

- L'influence invisible dans les dynamiques de groupe

Dans les dynamiques de groupe, l'influence invisible peut être encore plus complexe. Considérez une équipe de travail, où un membre silencieux mais attentif observe, apprend et commence à adopter les pratiques de travail efficaces des autres membres de l'équipe.

Peu à peu, cette personne devient une contributrice précieuse à la réussite du groupe, influençant les résultats de l'équipe de manière significative, mais de manière discrète.

- L'influence invisible dans la société

À une échelle plus large, l'influence invisible peut également façonner les normes sociales et les tendances culturelles. Un exemple classique est la façon dont les films, la musique, l'art et la littérature peuvent influencer les attitudes et les comportements sociaux. Par exemple, un film populaire ou une série télévisée peut introduire des idées et des perspectives nouvelles, qui sont ensuite adoptées et intégrées dans la culture populaire.

De même, les discours publics de leaders d'opinion, tels que les dirigeants politiques, les experts de l'industrie ou les activistes sociaux, peuvent exercer une influence invisible, façonnant les dialogues publics et orientant l'opinion publique. Ils peuvent planter les graines d'un changement social en introduisant des idées et des perspectives qui défient le statu quo et inspirent les gens à voir le monde sous un jour différent.

En outre, avec l'essor des médias sociaux, l'influence invisible a pris une nouvelle dimension. Les influenceurs sur les plateformes de médias sociaux peuvent atteindre des millions de personnes et ont le potentiel d'influencer les attitudes, les comportements et les décisions de leurs abonnés de manière subtile et souvent indirecte.

- Réflexion sur l'influence invisible

La présence de l'influence invisible dans ces différents scénarios souligne à quel point elle est ancrée dans nos vies quotidiennes. Cela rappelle également que nous sommes tous à la fois des influenceurs et des influencés, que ce soit de manière visible ou invisible.

Le défi, cependant, est de reconnaître l'influence invisible et d'apprendre à l'utiliser de manière positive et éthique. Cela nécessite une compréhension nuancée de la dynamique de l'influence et une volonté d'agir en fonction des intérêts et du bien-être des autres. Dans la section suivante, nous explorerons comment manier l'influence invisible pour atteindre ces objectifs.

- ***Manier l'influence invisible***

Une fois que nous avons pris conscience de l'existence de l'influence invisible, comment pouvons-nous l'utiliser efficacement et éthiquement pour inspirer, guider et encourager les autres ? Voici quelques stratégies clés pour manier l'influence invisible.

- Incarnez ce que vous prêchez

La première étape pour exercer une influence invisible est de pratiquer ce que vous prêchez. Vos actions parlent souvent plus fort que vos paroles. En agissant de manière cohérente avec vos valeurs et vos convictions, vous pouvez influencer les autres de manière subtile mais puissante. Par exemple, si vous prônez l'importance de la santé et du bien-être, menez une vie saine. Si vous valorisez l'intégrité et l'honnêteté, soyez un modèle de ces valeurs dans vos interactions quotidiennes.

- Cultivez une présence authentique

Une présence authentique peut avoir une influence invisible puissante. Les gens sont attirés par l'authenticité et sont plus susceptibles d'être influencés par quelqu'un qu'ils perçoivent comme réel et sincère. Par conséquent, restez fidèle à vous-même et à vos convictions. Montrez de l'empathie et de la considération pour les autres, et respectez leur droit d'avoir des opinions différentes des vôtres.

- Semez des graines

L'influence invisible fonctionne souvent en semant des graines d'idées ou de comportements qui peuvent germer et croître avec le temps. Par exemple, vous pouvez introduire une nouvelle perspective ou une nouvelle façon de faire les choses dans une conversation ou une réunion. Vous n'avez pas besoin de forcer les autres à adopter votre point de vue. Laissez-leur le temps de réfléchir et d'explorer l'idée par eux-mêmes.

-   Cultivez des relations positives

Les relations positives sont un terreau fertile pour l'influence invisible. En établissant des relations basées sur le respect mutuel, la confiance et l'appréciation, vous pouvez influencer les autres de manière positive sans avoir recours à la coercition ou à la manipulation. Soyez un soutien pour les autres, écoutez leurs préoccupations et leurs idées, et montrez-leur que vous vous souciez de leur bien-être.

-   Soyez patient

L'influence invisible peut prendre du temps pour se manifester. Il ne s'agit pas d'obtenir des résultats instantanés, mais de créer des changements durables et positifs. Soyez patient et persévérant. Continuez à vivre selon vos valeurs, à semer des graines de changement et à cultiver des relations positives, même si vous ne voyez pas immédiatement les résultats de vos efforts.

L'influence invisible est une force puissante qui peut être utilisée pour le bien ou pour le mal. En choisissant d'exercer une influence invisible de manière positive et éthique, nous pouvons contribuer à créer un monde meilleur, une interaction à la fois. Dans le prochain segment, nous allons explorer comment mettre en pratique ces stratégies dans le contexte de différents domaines de la vie.

- ***L'influence invisible et l'éthique***

Exercer une influence, qu'elle soit visible ou invisible, entraîne une responsabilité considérable. Il est essentiel de comprendre que tout en cherchant à influencer les autres, il est crucial de maintenir des principes éthiques solides. Voici quelques réflexions sur l'importance de l'éthique lors de l'exercice de l'influence invisible.

- Respect de l'autonomie des autres

Une pratique éthique de l'influence invisible implique de respecter l'autonomie des autres. Même si vous pouvez orienter les pensées et les actions des autres dans une certaine direction, vous devez respecter leur droit de prendre leurs propres décisions. Favoriser l'ouverture d'esprit et le dialogue, plutôt que de tenter d'imposer votre point de vue.

- Intégrité et authenticité

L'exercice éthique de l'influence nécessite une forte intégrité personnelle et une authenticité. Si vous souhaitez influencer les autres de manière positive, vous devez être authentique et agir en cohérence avec vos valeurs. Les gens sont généralement plus réceptifs à l'influence de ceux qu'ils perçoivent comme étant authentiques et sincères.

- Bienveillance et compassion

L'influence invisible peut être utilisée pour le bien ou pour le mal. Il est donc essentiel de veiller à l'utiliser de manière bienveillante et avec compassion. Lorsque vous cherchez à influencer les autres, assurez-vous que votre intention est de les aider, de les soutenir ou de leur apporter une valeur ajoutée. Évitez d'utiliser votre influence pour manipuler, contrôler ou nuire aux autres.

- Responsabilité et redevabilité

Exercer une influence invisible comporte une responsabilité. Si vous choisissez d'influencer les pensées et les actions des autres, vous devez être prêt à assumer la responsabilité des conséquences de votre influence. Cela peut signifier être redevable de vos actions et être disposé à reconnaître et à corriger les erreurs que vous avez pu commettre.

Dans le contexte de l'influence invisible, l'éthique n'est pas un luxe, mais une nécessité. En intégrant ces principes éthiques dans notre approche de l'influence invisible, nous pouvons chercher à inspirer et à guider les autres de manière positive et respectueuse.

Mais comment mettre ces principes en pratique ? Dans la section suivante, nous allons explorer des stratégies concrètes pour exercer une influence invisible éthique dans différents contextes.

L'influence invisible est tout autour de nous et en nous, telle une force discrète mais puissante qui façonne le cours de nos vies. C'est le pouvoir caché de l'influence qui permet d'apporter des changements subtils mais significatifs dans la façon dont nous agissons et pensons. Alors, quelle influence invisible allez-vous exercer aujourd'hui ?

5.2 : L'usage discret de l'influence

Dans l'arène de l'influence, la discrétion est un outil de premier choix. C'est l'art subtil de laisser une empreinte sans laisser une trace visible, de guider sans avoir l'air de diriger. L'usage discret de l'influence semblable au vent qui fait bouger les feuilles sans jamais apparaître lui-même. Dans ce sous-chapitre, nous allons dévoiler comment manier ce pouvoir caché et utiliser l'influence de manière discrète mais puissante.

L'influence discrète commence par l'écoute active. Un grand influenceur sait que chaque conversation est une opportunité d'apprendre et de comprendre l'autre personne. Il doit absorber les opinions, les attitudes et les idées des autres pour comprendre leur monde.

C'est cette compréhension qui lui permet ensuite d'adapter son message à son auditoire, de le personnaliser pour toucher au plus profond. C'est ainsi que les relations les plus fortes sont construites.

Prenons l'exemple de Martin. Martin était un manager dans une entreprise de technologie. Bien qu'il ait été respecté pour son expertise technique, il n'avait pas une grande influence sur les décisions de l'équipe. Cependant, il a commencé à prendre le temps d'écouter véritablement ses collègues. Il a cherché à comprendre leurs points de vue, leurs préoccupations et leurs idées. Au lieu de chercher à imposer ses propres opinions, il s'est concentré sur l'élaboration de solutions qui prenaient en compte les idées de tous. Il n'a pas mis en avant ses propres réalisations, mais a travaillé en coulisse pour faire avancer les choses. Très vite, son influence a augmenté de façon significative. Non seulement les gens venaient le voir pour des conseils, mais ils le considéraient également comme un leader informel de l'équipe.

Le second aspect de l'influence discrète est l'empathie. Comprendre les émotions, les sentiments et les motivations des autres est une compétence fondamentale pour exercer une influence discrète.

Par exemple, Marie, une conseillère en ressources humaines, a eu un impact significatif sur son organisation en faisant preuve d'empathie. Elle a réalisé que plusieurs employés étaient stressés en raison de la charge de travail et du manque de reconnaissance. Au lieu de simplement transmettre ces informations à la direction, elle a pris le temps de comprendre les sentiments des employés et de réfléchir à des solutions potentielles. Elle a ensuite discrètement suggéré ces solutions à la direction, sans mettre l'accent sur le rôle qu'elle avait joué. Le résultat a été une amélioration notable du moral et de l'engagement des employés.

Une autre caractéristique essentielle de l'influence discrète est la patience. Influencer discrètement nécessite du temps. C'est un processus de construction de relations, de gagner la confiance, d'apprendre à connaître les autres. L'influence discrète implique d'être patient, de savoir quand parler et quand se taire, quand agir et quand attendre.

Pensons à Thomas, un jeune entrepreneur. Thomas voulait convaincre ses partenaires d'adopter une nouvelle stratégie d'entreprise. Au lieu de présenter directement sa proposition, il a pris le temps de discuter individuellement avec chacun de ses partenaires. Il a écouté leurs préoccupations, compris leurs objections et patiemment construit des relations avec eux. Ce n'est qu'après avoir établi une confiance mutuelle qu'il a discrètement introduit sa proposition. Grâce à sa patience et à son approche discrète, il réussit à convaincre ses partenaires d'adopter sa stratégie.

L'influence discrète est souvent basée sur l'action plutôt que sur les paroles. Il est plus efficace de montrer par l'exemple que de simplement parler. Les actions parlent plus fort que les mots et les gens sont plus susceptibles d'être influencés par ce que vous faites que par ce que vous dites.

Le pouvoir de l'influence discrète est immense. Néanmoins, il faut noter que cette influence doit être utilisée de manière responsable et éthique. L'influence peut être une épée à double tranchant, et lorsqu'elle est utilisée de manière inappropriée, elle peut causer du tort.

C'est pourquoi il est important de respecter les droits et les sentiments des autres, d'agir avec intégrité et de chercher à influencer de manière positive. Après tout, l'influence la plus durable et la plus puissante est celle qui est basée sur le respect, la confiance et la valeur mutuelle.

Nous avons vu que l'influence discrète est une combinaison d'écoute active, d'empathie, de patience et d'action. Mais comment cela se traduit-il dans le monde réel ? Comment pouvons-nous développer et améliorer ces compétences dans notre vie quotidienne ? Il est temps de plonger plus profondément dans la pratique de l'influence discrète et d'explorer des techniques et des stratégies spécifiques pour l'appliquer efficacement.

VI

Chapitre 6

Le côté sombre de l'influence

6.1 : L'influence négative et comment l'éviter

L'influence est une lame à double tranchant, une arme à manier avec précaution et discernement. Si elle est mal utilisée, elle peut rapidement devenir destructrice. L'influence négative, tout comme une pièce mal jouée sur l'échiquier de la communication interpersonnelle, peut causer plus de dommages que de bien.

Imaginons un instant une scène typique dans une salle de conférence. Tous les yeux sont rivés sur Paul, un cadre supérieur reconnu pour sa capacité à influencer les décisions de l'entreprise. Paul est doté d'un charisme naturel, il est toujours sûr de lui et présente avec clarté ses arguments. Cependant, malheureusement, Paul use parfois de son influence pour saper la confiance des autres, critiquer ouvertement et manipuler les situations en sa faveur. Le comportement de Paul est un exemple flagrant d'influence négative.

Maintenant, la question est : comment peut-on éviter de tomber dans le piège de l'influence négative ? Il est essentiel de reconnaître les signes de l'influence négative afin d'éviter de devenir une victime ou un perpétrateur.

Un des signes les plus communs de l'influence négative est la manipulation. Celle-ci consiste à pousser les autres à faire quelque chose contre leur gré, souvent en utilisant la ruse ou la coercition. Il est crucial d'apprendre à reconnaître les tactiques de manipulation pour éviter de les utiliser ou de se laisser influencer.

Pour ce faire, il est important de rester attentif aux tentatives de manipulation, telles que le chantage émotionnel, les fausses promesses ou l'exploitation de la culpabilité.

Une autre manifestation de l'influence négative est l'intimidation, qui peut être à la fois physique et psychologique. L'intimidation peut se manifester sous la forme de menaces, de moqueries ou de critiques constantes. Pour échapper à l'influence négative de l'intimidation, il est essentiel de se montrer assertif et de mettre en place des limites claires.

De plus, il faut être vigilant face à l'influence du groupe ou du « *conformisme* ». C'est la pression exercée sur une personne pour qu'elle se conforme aux normes du groupe. Elle peut conduire à des décisions malavisées, comme suivre aveuglément la foule sans réfléchir à la pertinence ou aux conséquences de ses actions. Pour éviter cette influence négative, il est important de cultiver l'esprit critique et de ne pas craindre de remettre en question le statu quo.

L'influence négative peut également se manifester par la propagation de fausses informations ou de rumeurs. Dans ce contexte, la vérification des faits et l'esprit critique sont des outils essentiels pour éviter de se laisser influencer ou d'influencer les autres de manière négative.

La solution ultime pour éviter l'influence négative est l'éducation et la sensibilisation. Plus vous êtes informé sur les différentes formes d'influence négative, plus vous serez capable de les repérer et de les éviter.

Il convient également de souligner que la clé pour éviter l'influence négative réside en grande partie dans le développement de l'assertivité. L'assertivité consiste à exprimer ses besoins et ses sentiments de manière claire et respectueuse, sans pour autant empiéter sur les droits des autres. En étant assertif, vous pouvez éviter de vous laisser influencer négativement et contribuer à créer un environnement de communication ouvert et respectueux.

Le côté sombre de l'influence peut être difficile à gérer, mais avec les bonnes compétences et connaissances, il est possible de s'en prémunir. Il convient de rappeler que l'influence, comme tout autre outil, n'est ni bonne ni mauvaise en soi. C'est la manière dont nous l'utilisons qui définit sa nature. Il est donc de notre responsabilité de l'utiliser de manière éthique et positive. Dans la prochaine section, nous aborderons comment faire preuve de finesse dans l'art de l'influence.

6.2 : Les limites éthiques de l'influence

Il y a un adage populaire qui dit : "Avec un grand pouvoir vient une grande responsabilité". Ce principe est au cœur de toute discussion sur l'éthique en ce qui concerne l'influence. En tant que personne influente, vous avez le pouvoir d'affecter les pensées, les attitudes et les actions des autres, mais ce pouvoir doit être utilisé de manière responsable. Ce sous-chapitre explore les limites éthiques de l'influence et les implications du franchissement de ces limites.

La première étape pour comprendre les limites éthiques de l'influence est de distinguer l'influence de la manipulation. Bien que ces deux concepts soient liés, ils ne sont pas synonymes. L'influence vise à faire avancer une idée, un comportement ou une décision par le biais de la persuasion, tout en respectant la liberté de choix de l'individu.

En revanche, la manipulation a pour objectif de contrôler ou de diriger les actions d'une autre personne, souvent sans son consentement éclairé.

Prenons l'exemple d'un leader d'opinion influent dans une communauté. Ce leader peut utiliser son influence pour encourager ses partisans à participer à des actions bénévoles, à soutenir une cause ou à adopter des comportements plus sains. Dans ce scénario, le leader utilise son influence de manière positive, favorisant le bien-être général. C'est de l'influence éthique.

Cependant, le même leader pourrait également utiliser son influence pour propager des idées fausses, inciter à la haine ou encourager des comportements nuisibles. Dans ce cas, il franchit les limites éthiques de l'influence, manipulant ses partisans pour servir ses propres intérêts. C'est une illustration de l'utilisation non éthique de l'influence.

Maintenant, qu'en est-il des limites éthiques de l'influence en pratique ? Comment savoir si une influence est éthique ou non ? Les normes éthiques peuvent varier en fonction des contextes culturels, sociaux et personnels, mais il y a des principes généraux qui peuvent servir de guide.

Un principe clé est le respect de l'autonomie des individus. L'influence éthique respecte la capacité des personnes à faire leurs propres choix, même si l'influenceur ne partage pas ces choix. Elle promeut l'autonomie en fournissant des informations, en facilitant le dialogue et en encourageant la réflexion, plutôt qu'en imposant une volonté particulière.

Un autre principe clé est la non-malveillance. Les influenceurs éthiques s'efforcent de ne pas nuire à ceux qu'ils influencent. Ils évitent d'abuser de leur pouvoir pour exploiter, tromper ou dominer les autres.

La transparence est également un principe fondamental de l'influence éthique. Les influenceurs éthiques sont ouverts sur leurs intentions, leurs objectifs et leurs méthodes. Ils évitent les tactiques déguisées ou trompeuses et sont prêts à être tenus responsables de leurs actions.

Finalement, l'influence éthique s'accompagne d'une certaine humilité. Les influenceurs éthiques reconnaissent qu'ils ne détiennent pas toutes les réponses et sont ouverts à l'apprentissage et à l'évolution. Ils reconnaissent également le droit des autres à être en désaccord avec eux, et sont prêts à s'engager dans un dialogue constructif et respectueux.

En naviguant dans le monde complexe de l'influence, il est crucial de rester vigilant quant à l'usage que nous faisons de notre pouvoir. Se souvenir des principes éthiques et des limites de l'influence peut nous aider à utiliser notre pouvoir de manière constructive et respectueuse.

Ainsi, la question clé n'est pas de savoir si l'influence est bonne ou mauvaise, mais plutôt comment nous choisissons de l'utiliser. Un influenceur responsable est celui qui comprend les implications de ses actions et s'efforce d'agir de manière éthique.

Alors, comment appliquer ces principes dans votre vie quotidienne ? Comment pouvez-vous vous assurer que vous utilisez votre influence de manière éthique et responsable ? Dans la prochaine section, nous explorerons des stratégies pratiques pour exercer une influence éthique.

VII

Chapitre 7

La finesse de l'influence

7.1 : L'influence subtile

Dans le monde de l'influence, la subtilité occupe une place essentielle. L'influence subtile consiste à modeler les perceptions, à orienter les décisions et à guider les comportements sans que les personnes en soient nécessairement conscientes. Pour bien comprendre et maîtriser cette forme d'influence, nous allons explorer ses différents aspects, notamment la persuasion discrète, la création d'un environnement propice à l'influence, ainsi que l'importance de l'écoute.

La persuasion discrète représente l'une des formes les plus sophistiquées de l'influence subtile. Son objectif est de guider en douceur une personne vers une idée ou une action, sans qu'elle ne se sente poussée ou manipulée. Pour y parvenir, il faut adopter une approche douce et indirecte. Par exemple, au lieu de dire à quelqu'un ce qu'il doit faire, on peut lui raconter une histoire qui illustre le résultat souhaité.

Imaginez, par exemple, que vous voulez encourager un ami à arrêter de fumer. Au lieu de le sermonner sur les dangers du tabagisme, vous pourriez lui raconter l'histoire d'une connaissance qui a réussi à arrêter de fumer et qui a depuis vu sa santé s'améliorer de manière significative. En agissant ainsi, vous plantez une graine d'idée dans l'esprit de votre ami sans le contraindre ou le juger.

Un autre aspect de l'influence subtile est la création d'un environnement propice à l'influence. Cela signifie qu'il faut être conscient de l'impact que notre environnement peut avoir sur nos pensées et nos actions, et utiliser cet effet à notre avantage.

Par exemple, si vous voulez encourager la créativité dans votre équipe de travail, vous pouvez créer un environnement de bureau qui stimule la pensée innovante. Cela peut inclure la décoration du bureau avec des objets inspirants, la création d'espaces pour la réflexion tranquille ou l'organisation régulière de séances de brainstorming.

Dans le même ordre d'idées, il est essentiel de comprendre l'importance de l'écoute dans l'influence subtile. L'écoute active et empathique permet de comprendre les besoins, les désirs et les motivations des autres. Cette compréhension peut ensuite être utilisée pour orienter subtilement leurs actions.

Par exemple, en tant que manager, si vous souhaitez motiver votre équipe à travailler plus dur, au lieu d'insister directement sur l'importance du travail acharné, vous pourriez d'abord les écouter et comprendre leurs motivations. Si vous découvrez que l'un de vos employés est motivé par le désir de faire une différence positive dans le monde, vous pouvez alors lui présenter les projets de l'entreprise sous l'angle de leur impact positif.

L'influence subtile est un art délicat qui requiert de la patience, de l'empathie et de la compréhension. Elle ne fonctionne pas par la contrainte, mais par la création d'un environnement et d'une interaction qui guident les autres vers le résultat souhaité.

Ce concept semble paradoxal, mais il est profondément ancré dans la nature humaine. Nous sommes tous influencés par notre environnement, nos interactions, nos émotions et nos croyances de manière subtile et souvent inconsciente.

En apprenant à utiliser ces forces pour influencer de manière positive, nous pouvons devenir des leaders plus efficaces, des collaborateurs plus respectueux et des amis plus bienveillants.

Maintenant que nous avons détaillé ce qu'est l'influence subtile et comment la mettre en pratique, il serait intéressant d'explorer comment résister à ce type d'influence, pour ne pas être manipulé. Nous approfondirons ce sujet dans le sous-chapitre suivant.

7.2 : Gagner de l'influence sans autorité

L'influence n'est pas toujours synonyme de pouvoir ou d'autorité. Imaginez que vous êtes un employé au sein d'une entreprise, sans poste de direction ou d'autorité formelle, et pourtant, vous êtes en mesure d'avoir un impact considérable sur les décisions et les actions de votre équipe. C'est le principe fondamental de l'influence sans autorité. Cette notion repose sur la capacité à diriger et à motiver les autres sans avoir recours à l'autorité ou à la coercition.

Tout d'abord, il est crucial de comprendre que l'influence sans autorité dépend en grande partie de la crédibilité. Prenez par exemple l'histoire de Maria. Maria est une employée de longue date dans une entreprise technologique. Elle n'est ni directrice, ni manager, mais tout le monde dans l'entreprise reconnaît sa compétence et son dévouement. Avec le temps, Maria a acquis une crédibilité telle que, même sans poste de direction, ses collègues viennent souvent lui demander des conseils et prennent en compte son avis lorsqu'ils prennent des décisions. Cela démontre que l'autorité formelle n'est pas toujours nécessaire pour influencer.

Ensuite, il est essentiel de savoir développer et entretenir des relations. Les relations interpersonnelles sont une source majeure d'influence. Dans l'histoire de Maria, sa capacité à influencer dépend en grande partie de sa relation avec ses collègues. Elle a pris le temps de connaître chacun d'eux, de comprendre leurs besoins, leurs attentes et leurs préoccupations. Cela lui a permis de gagner leur confiance et leur respect.

Un autre aspect important de l'influence sans autorité est l'écoute active. Il s'agit de montrer de l'intérêt pour les idées et les préoccupations des autres, et de faire preuve d'empathie. L'écoute active permet non seulement de gagner le respect des autres, mais aussi de comprendre leurs motivations et de les utiliser pour influencer leur comportement. Pensez à un moment où vous vous êtes senti vraiment écouté. C'est probablement une expérience qui vous a laissé une impression positive de l'autre personne, n'est-ce pas ?

La quatrième composante de l'influence sans autorité est la communication efficace. Savoir comment, quand et quoi communiquer est crucial pour influencer. Un bon communicateur sait comment présenter ses idées de manière claire et persuasive, mais aussi comment adapter son message à son auditoire.

Pour gagner en influence sans autorité, il est essentiel d'adopter une attitude positive et de démontrer de l'intégrité. Les gens ont tendance à être plus influencés par ceux qui ont une attitude positive et qui montrent qu'ils sont dignes de confiance. En d'autres termes, si vous voulez influencer sans autorité, soyez quelqu'un avec qui les gens aiment travailler et en qui ils ont confiance.

Il est important de noter que l'influence sans autorité n'est pas une compétence que l'on acquiert du jour au lendemain. Elle nécessite du temps, de l'effort et de la patience. Mais une chose est sûre, elle peut être extrêmement efficace.

Alors, comment pouvez-vous commencer à développer votre influence sans autorité ? Peut-être pouvez-vous commencer par chercher des occasions d'apporter de la valeur à votre équipe ou à votre organisation. Peut-être pouvez-vous chercher à mieux comprendre les motivations de vos collègues et à développer des relations plus fortes avec eux. Ou peut-être pouvez-vous travailler à améliorer vos compétences en communication. Quoi qu'il en soit, rappelez-vous : l'influence sans autorité est à la portée de tous, il suffit d'avoir la volonté de la développer.

VIII

Chapitre 8

La résilience face à l'influence

8.1 : Comment résister à l'influence

L'influence peut être un outil puissant et efficace pour obtenir ce que vous désirez, convaincre les autres et établir des relations durables. Cependant, il est tout aussi crucial de comprendre comment résister à l'influence lorsqu'elle est utilisée contre vous d'une manière qui ne sert pas vos intérêts. Le monde d'aujourd'hui est rempli d'influences cachées qui tentent de façonner nos décisions et nos comportements.

Pensez à toutes les publicités, aux discours politiques, aux discussions de groupe et aux demandes de vos enfants ou de votre patron. Toutes ces situations sont toutes chargées de tentatives d'influence qui peuvent vous amener à penser, à ressentir ou à agir d'une manière qui ne vous bénéficie pas nécessairement.

L'influence est comparable au courant d'une rivière, parfois doux et parfois sauvage. Naviguer dans cette rivière requiert la connaissance du courant pour maintenir le cap et atteindre votre destination sans être dévié par des forces invisibles. Cependant, cette rivière de l'influence est constamment changeante et imprévisible. Alors, comment résister à l'influence et rester fidèle à votre cap ?

La première étape pour résister à l'influence est de développer une conscience aiguë de sa présence. Les techniques d'influence sont souvent subtiles et dissimulées. Elles se cachent dans les mots que nous utilisons, les histoires que nous racontons, les images que nous montrons et les environnements que nous créons. Détecter ces signaux d'influence peut être difficile et exige une attention constante ainsi qu'une vigilance envers notre environnement, nos pensées, nos sentiments et nos comportements.

Imaginez une situation dans laquelle un ami vous propose d'investir dans un projet. Il présente ce projet comme une opportunité unique en son genre, avec des rendements potentiels élevés. Votre ami est charmant, enthousiaste et convaincant, ce qui suscite en vous une forte envie de dire oui. Mais quelque chose dans votre esprit vous pousse à prendre du recul et à réfléchir avant de prendre une décision. Cette voix intérieure fait partie de votre conscience de l'influence.

Cette prise de conscience nécessite une compréhension de la psychologie humaine. Il faut donc nécessairement se familiariser avec les tactiques d'influence couramment utilisées, telles que la réciprocité, l'engagement et la cohérence, la preuve sociale, l'autorité, la rareté et la sympathie. Il faut aussi comprendre comment ces tactiques fonctionnent dans le contexte de nos propres biais cognitifs, émotionnels et sociaux.

La deuxième étape pour résister à l'influence est de développer une solide confiance en soi. La confiance en soi est comme un bouclier qui nous protège de l'impact des tentatives d'influence. Elle nous permet de rester fidèles à nos propres valeurs, convictions et objectifs, même face aux pressions extérieures pour changer.

La confiance en soi découle de la connaissance de soi. Plus vous savez qui vous êtes, ce que vous voulez et pourquoi vous le voulez, plus vous êtes en mesure de résister à l'influence. Cela exige une introspection constante, une auto-évaluation, ainsi qu'une volonté d'accepter et de faire face à ses propres forces et faiblesses.

La troisième étape pour résister à l'influence est de développer des compétences en communication efficace. Ces compétences nous aident à exprimer clairement et assertivement nos propres besoins, désirs et limites, tout en comprenant ceux des autres.

Résister à l'influence ne signifie pas nécessairement rejeter celle-ci de manière systématique. Parfois, il est dans notre intérêt d'être influencé, notamment lorsque nous apprenons de nouvelles choses, établissons de nouvelles relations ou explorons de nouvelles perspectives. Dans ces cas, la résistance à l'influence implique de devenir un participant actif et engagé dans le processus d'influence, plutôt qu'un spectateur passif et inerte.

Pour développer des compétences en communication efficace, il est essentiel d'apprendre à écouter activement, à poser des questions pertinentes, à exprimer ses idées et ses sentiments de manière claire et respectueuse, et à gérer les conflits de manière constructive.

Résister à l'influence est un processus d'apprentissage continu qui implique le développement d'une conscience aiguë de l'influence, d'une solide confiance en soi et de compétences en communication efficace. C'est un voyage qui nécessite de la patience, de la persévérance et de la pratique. Mais les récompenses de ce voyage peuvent être immenses, car elles vous permettent de naviguer dans la rivière de l'influence avec confiance et habileté, tout en restant fidèle à votre propre boussole intérieure.

Alors, quelle sera votre prochaine étape dans ce voyage vers la résilience face à l'influence ?

8.2 : Développer une résilience à l'influence

Développer une résilience face à l'influence revêt une importance capitale dans notre société contemporaine. En effet, dans un monde où les tentatives d'influence sont omniprésentes, il est plus que jamais nécessaire de préserver son libre arbitre et de résister à l'assaut de ces tentatives. Cette compétence peut être développée et entretenue, tout comme l'aptitude à influencer. Voyons maintenant comment y parvenir.

L'une des premières étapes pour développer une résilience face à l'influence est la prise de conscience. Pour utiliser une analogie, il est difficile d'éviter les obstacles sur une route sinueuse si on ne les voit pas. Reconnaître que nous sommes constamment soumis à des tentatives d'influence, qu'elles soient subtiles ou manifestes, est primordial. Il est donc essentiel d'apprendre à détecter ces tentatives et à reconnaître les différents mécanismes de persuasion en action, qu'ils soient basés sur l'émotion, sur la logique ou sur notre tendance naturelle à suivre le groupe.

Reprenons l'exemple de l'industrie de la publicité. Nous sommes tous exposés quotidiennement à des milliers de messages publicitaires qui cherchent à influencer nos comportements d'achat en jouant sur nos émotions, nos désirs, nos peurs et nos besoins. Ils utilisent de multiples techniques de persuasion, de la répétition à l'association avec des images positives ou négatives, en passant par le recours à des célébrités ou des experts.

Par ailleurs, développer un esprit critique est essentiel pour renforcer cette résilience. Il est important de ne pas prendre pour acquis les informations qui nous sont présentées, mais de toujours les questionner, les vérifier et les comparer à d'autres sources. Cela est particulièrement vrai dans l'ère de l'information où la désinformation et la manipulation de l'information sont monnaie courante. Il convient donc de se poser constamment des questions telles que : Qui est derrière cette information ? Quel est son objectif ? Quels sont ses intérêts ? Comment cette information est-elle présentée, et quel est l'impact de cette présentation sur mon interprétation ?

Prenons l'exemple des réseaux sociaux. Ces plateformes sont devenues des vecteurs puissants d'influence, où chacun peut partager des informations, des opinions, des images, mais aussi des fausses nouvelles et de la désinformation. Un esprit critique fort permettra de ne pas être emporté par le flot d'informations, de savoir distinguer le vrai du faux et de ne pas se laisser influencer par les opinions majoritaires ou par les algorithmes qui tendent à nous présenter toujours plus de ce qui nous plaît ou confirme nos idées préconçues.

Par ailleurs, la connaissance de soi est une autre clé pour renforcer sa résilience à l'influence. Il s'agit de comprendre quels sont nos propres biais, nos propres vulnérabilités face à l'influence. Nous sommes tous plus sensibles à certains types de messages, à certaines émotions, à certaines valeurs. Un autre moyen efficace de renforcer sa résilience face à l'influence est de développer ses propres convictions, ses propres valeurs. Il est plus difficile d'influencer quelqu'un qui a des convictions fortes, des valeurs claires et un sens de l'identité bien défini. C'est comme un bouclier qui nous protège de l'influence extérieure. Cela nécessite un travail constant sur soi-même, une réflexion sur ce qui est important pour nous, sur ce qui donne du sens à notre vie.

La pratique de la pleine conscience peut également aider à développer une résilience face à l'influence. La pleine conscience, c'est la capacité à être pleinement présent à l'instant, à ses sensations, à ses émotions, à ses pensées. C'est une manière de ne pas se laisser emporter par le flot de stimuli qui cherchent à nous influencer, de prendre du recul et de rester ancré dans le moment présent. De nombreuses études ont montré les bénéfices de la pleine conscience sur la santé mentale, et il semble qu'elle puisse aussi aider à renforcer notre résilience face à l'influence.

En conclusion, développer une résilience face à l'influence est un travail de longue haleine qui requiert vigilance, réflexion, connaissance de soi et pratique. Toutefois, c'est un enjeu crucial dans notre société actuelle, où les tentatives d'influence sont omniprésentes. Alors, pourquoi ne pas commencer dès aujourd'hui ?

Partie III : Devenir un semeur d'influence

Chapitre 9

L'influence personnelle

9.1 : L'autopromotion sans être arrogant

Être capable de se promouvoir sans paraître arrogant est une compétence qui nécessite de la finesse et de la délicatesse. Il s'agit de trouver un équilibre entre le fait de se valoriser et le fait de sembler trop sûr de soi ou prétentieux. Il est primordial de comprendre que l'autopromotion ne se limite pas à parler constamment de soi, mais plutôt à communiquer efficacement sa valeur aux autres.

L'une des premières étapes pour maîtriser l'autopromotion est de comprendre votre valeur et de pouvoir l'articuler de manière concise. C'est là que l'on parle de votre "proposition de valeur". En d'autres termes, la proposition de valeur est un bref résumé de ce que vous faites, de comment vous le faites et de ce qui vous différencie des autres. Prenez le temps de réfléchir à ce qui vous rend unique dans votre domaine, car cela formera la base de votre autoreprésentation.

N'oubliez pas que la clé de l'autopromotion efficace est la sincérité. Si vous n'êtes pas convaincu de ce que vous dites, il est peu probable que quelqu'un d'autre le soit. Ainsi, lorsque vous parlez de vos réalisations, faites-le avec assurance, mais sans exagération.

L'autopromotion va au-delà des mots, elle se concrétise aussi par des actions. Par exemple, si vous êtes un écrivain, écrire un blog ou publier régulièrement des articles de qualité peut être une forme d'autopromotion. Vous démontrez votre expertise et fournissez de la valeur aux autres, tout en mettant en avant vos compétences et votre connaissance.

Les activités de réseautage, comme assister à des conférences ou à des événements de votre industrie, sont également des moyens importants pour promouvoir vos compétences et partager vos idées avec d'autres professionnels. Les réseaux sociaux, tels que LinkedIn, Twitter ou Instagram, jouent également un rôle essentiel dans l'autopromotion moderne, en vous permettant de partager votre travail et de vous connecter avec des personnes partageant les mêmes idées.

Une autre approche de l'autopromotion sans arrogance consiste à utiliser des témoignages ou des références. Si vous avez fait du bon travail pour quelqu'un, il y a de fortes chances qu'il soit prêt à vous recommander.

Il est également essentiel de rester humble tout au long du processus d'autopromotion. Cela ne signifie pas minimiser vos réalisations, mais plutôt reconnaître le rôle des autres dans votre succès et être ouvert à l'apprentissage et aux nouvelles idées.

Écouter activement les autres et montrer de l'intérêt pour leurs idées et opinions peut également améliorer votre image, en démontrant que vous vous souciez des autres et que vous n'êtes pas uniquement centré sur vous-même.

Se rappeler que l'autopromotion est une compétence qui s'améliore avec la pratique est essentiel. Au début, cela peut sembler inconfortable, mais avec le temps et l'expérience, cela deviendra plus naturel. Il est utile de rechercher des modèles, des personnes qui excellent dans l'art de se promouvoir sans arrogance, afin d'apprendre de leur approche.

L'autopromotion sans arrogance est une compétence essentielle à développer, non seulement pour ceux qui aspirent à être des influenceurs, mais pour tout professionnel soucieux de sa carrière. En équilibrant habilement l'assurance avec l'humilité, en démontrant votre valeur par vos actions, et en faisant preuve de respect et d'attention envers les autres, vous pourrez vous promouvoir efficacement sans paraître arrogant.

Maintenant que vous avez appris à vous promouvoir efficacement sans arrogance, la prochaine étape consiste à transformer cette compétence en influence.

9.2 : Construire une réputation d'influenceur

Pour devenir un semeur d'influence, il est crucial de se forger une réputation solide en tant qu'influenceur. Cette réputation servira de base à la construction d'une présence d'influence dans différents domaines de la vie, que ce soit dans la sphère personnelle, professionnelle ou sociale.

Un aspect fondamental de cette construction réside dans la définition de votre marque personnelle. Pensez à votre marque personnelle comme un cocktail distinctif de vos compétences, expériences, valeurs et personnalité, qui vous distingue des autres. Il s'agit de votre histoire unique, celle qui inspire et motive les autres à vous suivre et à prendre en compte votre opinion.

Prenons l'exemple d'Elon Musk. Ce n'est pas simplement le fait qu'il soit le PDG de SpaceX et de Tesla qui en a fait de lui un influenceur, mais plutôt son engagement envers l'innovation, sa vision du futur et sa capacité à prendre des risques significatifs pour concrétiser ses idées.

Pour bâtir votre réputation d'influenceur, il est essentiel de faire preuve de cohérence et d'authenticité. Les personnes que vous cherchez à influencer doivent pouvoir vous faire confiance. Cette confiance naît de la cohérence entre votre discours, vos actions et vos valeurs. Il ne suffit pas de proclamer certaines valeurs ou de prétendre avoir certaines compétences - vous devez vivre ces valeurs et démontrer ces compétences par vos actions.

Par ailleurs, l'authenticité joue un rôle crucial dans la construction de votre réputation d'influenceur. Les personnes sont naturellement attirées par ceux qui sont vrais, honnêtes et transparents. En partageant vos luttes, vos échecs et vos succès, vous vous humanisez aux yeux de votre public, ce qui renforce le lien de confiance et d'admiration.

La construction de votre réputation d'influenceur implique également la création et le partage de contenu de qualité. Que ce soit par des articles de blog, des vidéos, des podcasts ou des publications sur les réseaux sociaux, votre contenu doit refléter votre expertise, vos valeurs et votre marque personnelle. Chaque élément de contenu que vous partagez contribue à votre réputation.

Lorsque vous créez du contenu, gardez à l'esprit le principe du *"contenu éducatif"*. Cela signifie que votre contenu doit apporter de la valeur à votre public en l'éduquant d'une manière ou d'une autre. Par exemple, si vous êtes un expert en développement personnel, vous pouvez partager des articles sur comment développer une mentalité de croissance, des astuces pour améliorer l'estime de soi ou des techniques de gestion du stress. Ce genre de contenu éducatif vous positionne comme une autorité dans votre domaine et renforce votre réputation d'influenceur.

Rappelez-vous, cependant, que la construction d'une réputation d'influenceur ne se fait pas du jour au lendemain. Il s'agit d'un processus qui nécessite du temps, de la patience et de la persévérance. Comme le dit l'adage, *"Rome ne s'est pas construite en un jour"*.

En effet, le processus peut être semé d'embûches. Il se peut que vous commettiez des erreurs en cours de route, que vous rencontriez des critiques ou que vous doutiez de vous-même. Mais ne laissez pas ces défis vous décourager. Au contraire, voyez-les comme des occasions d'apprendre et de grandir.

Gardez toujours à l'esprit pourquoi vous voulez devenir un influenceur. Est-ce pour aider les autres ? Pour partager votre passion ? Pour inspirer le changement ? En gardant clairement votre "pourquoi" en vue, vous serez plus motivé pour surmonter les défis et continuer à construire votre réputation d'influenceur.

La prochaine étape, après avoir solidifié votre réputation d'influenceur, est d'explorer comment vous pouvez l'étendre au-delà de votre sphère personnelle et la mettre au service de vos ambitions professionnelles. Comment pouvez-vous utiliser votre influence pour promouvoir vos idées, diriger des équipes et contribuer au succès de votre organisation ? Nous aborderons ces questions dans le prochain sous-chapitre, *"Comment influencer au travail"*.

X

Chapitre 10

L'influence professionnelle

10.1 : Comment influencer au travail

La capacité d'influence dans le milieu professionnel est une compétence précieuse qui peut mener à de nombreuses opportunités de croissance et de leadership. Pour développer cette compétence, il est essentiel de comprendre l'importance des relations interpersonnelles, de la communication et de l'authenticité.

Les relations interpersonnelles sont à la base de toute interaction professionnelle. Pour pouvoir influencer, il est crucial de créer un réseau solide et de nourrir des liens de confiance avec ses collègues. Imaginez un membre d'une équipe sportive qui, grâce à ses efforts constants et à son soutien inébranlable envers ses coéquipiers, gagne la confiance et l'estime de tous. Cette personne sera en mesure d'influencer les décisions de l'équipe car elle est perçue comme un membre de confiance et respecté. De la même manière, dans un environnement de travail, être respecté et apprécié par ses collègues est essentiel pour pouvoir les influencer.

La communication est une autre composante clé de l'influence. Par la communication, nous exprimons nos idées, nos sentiments et nos intentions, et nous établissons un dialogue avec les autres. L'art de bien communiquer repose sur l'écoute active, l'expression claire de ses idées et l'habileté à persuader.

Pensez à un chef d'orchestre : grâce à sa capacité à communiquer efficacement ses intentions à chaque musicien, il est en mesure d'influencer la performance de l'ensemble de l'orchestre.

L'authenticité est également essentielle pour influencer au travail. Il est fondamental d'être vrai et honnête dans ses actions et ses intentions. Les gens sont plus enclins à être influencés par quelqu'un qui est authentique et véritable, car ils peuvent lui faire confiance et croire en ses intentions. Pour comprendre cela, envisagez un leader d'entreprise qui a toujours fait preuve d'intégrité et de transparence. Ce leader, grâce à son authenticité, sera en mesure d'influencer les décisions de l'entreprise et de ses employés, car ils auront confiance en lui et en ses intentions.

Au-delà de ces trois piliers, il existe des techniques spécifiques qui peuvent aider à influencer au travail. Ces techniques peuvent être utilisées de manière stratégique pour augmenter votre influence et votre capacité à faire avancer les choses.

L'une de ces techniques est le "modeling" ou la modélisation. Cela implique d'adopter les comportements, les attitudes et les compétences des personnes que vous respectez et admirez. En faisant cela, vous pouvez vous aligner sur les qualités qui vous semblent influentes et apprendre à les intégrer à votre propre style.

Une autre technique est la "réciprocité". Il s'agit de donner quelque chose en premier - que ce soit du temps, des ressources ou un service - dans l'attente que la personne se sente obligée de vous rendre la pareille. Par exemple, si vous prenez le temps d'aider un collègue avec un projet, il sera plus susceptible de vous aider lorsque vous en aurez besoin.

La *"consistance"* est également une technique efficace. Cela signifie être constant dans vos actions et vos déclarations, de sorte que les gens sachent à quoi s'attendre de vous. Cela peut aider à créer un sentiment de confiance et de fiabilité qui renforce votre influence.

Enfin, la *"preuve sociale"* peut également être un outil puissant. Il s'agit de montrer aux autres que vos idées ou vos actions sont approuvées et soutenues par d'autres personnes. Cela peut aider à convaincre les autres de votre point de vue ou de vos actions.

En pratiquant et en intégrant ces principes et techniques, vous pouvez développer votre capacité à influencer au travail. C'est un processus qui demande du temps et de l'engagement, mais les récompenses peuvent être importantes.

Alors, êtes-vous prêt à transformer votre influence au travail ? Demain est un nouveau jour, une nouvelle opportunité d'appliquer ces principes et de voir comment ils peuvent changer votre environnement de travail et votre carrière.

10.2 : Leadership vs. Influence au travail

Lorsque nous parlons de l'influence et du leadership dans le contexte professionnel, on peut facilement confondre ces deux concepts, en pensant qu'ils sont synonymes. Bien qu'ils soient étroitement liés et interdépendants, il est essentiel de comprendre que l'influence et le leadership sont distincts l'un de l'autre.

Le leadership, dans sa forme la plus traditionnelle, implique souvent une position d'autorité hiérarchique. Un leader guide son équipe vers un objectif commun, prend des décisions importantes, définit des stratégies et assume la responsabilité de l'ensemble du groupe. Le leadership s'accompagne généralement d'un certain degré d'influence, mais il ne se résume pas à cela.

L'influence, en revanche, est un pouvoir plus subtil, plus insaisissable, qui ne nécessite pas nécessairement une position d'autorité formelle. Une personne influente au travail est celle qui, indépendamment de son poste ou de son titre, a la capacité de modifier les attitudes, les croyances, les opinions ou les comportements des autres. L'influence est basée sur la relation, le respect et la confiance.

Imaginez une situation où un membre de l'équipe, sans titre formel de leader, parvient à convaincre ses collègues d'adopter une nouvelle approche pour un projet, non pas en donnant des ordres, mais en partageant une vision convaincante, en montrant par l'exemple et en créant un consensus. C'est là que réside le véritable pouvoir de l'influence.

Cependant, il serait erroné de penser que l'influence est supérieure au leadership, ou vice-versa. En réalité, les deux sont non seulement importants, mais ils se complètent et se renforcent mutuellement. Un bon leader est souvent une personne très influente, et une personne influente peut être un leader naturel, même si elle n'occupe pas une position de leadership formelle.

Il convient également de noter que l'influence n'est pas toujours positive. Comme tout pouvoir, elle peut être utilisée de manière constructive ou destructive, selon les intentions et l'éthique de la personne qui l'exerce. Par exemple, un collègue toxique peut utiliser son influence pour semer la discorde et créer des conflits au sein de l'équipe. C'est pourquoi il est crucial d'apprendre non seulement à acquérir de l'influence, mais aussi à l'utiliser de manière responsable et éthique.

Au cœur de l'influence réside la communication. Une communication efficace peut aider à renforcer les relations, à créer des liens de confiance et à établir une crédibilité. C'est l'un des outils les plus puissants dont dispose une personne influente.

Mais l'influence n'est pas seulement une question de ce que l'on dit, mais aussi de la manière dont on le dit.

L'écoute active est un aspect crucial de la communication et un puissant levier d'influence. En écoutant attentivement les autres, en comprenant leurs points de vue et en validant leurs préoccupations, on peut gagner leur confiance et leur respect, deux éléments essentiels à l'influence.

Un autre aspect important de l'influence au travail est la capacité à résoudre les problèmes et à prendre des décisions. Une personne qui a une solide réputation de résolution de problèmes peut avoir une grande influence sur ses collègues, car ils viendront la consulter pour obtenir des conseils et des orientations. De même, une personne qui prend des décisions éclairées et bien pensées, même dans des situations difficiles, gagnera le respect et l'influence de ses pairs.

Maintenant, la question est de savoir comment naviguer entre l'influence et le leadership au travail. Comment peut-on tirer le meilleur parti des deux pour créer un environnement de travail productif, harmonieux et motivant ?

Un leader efficace saura reconnaître et encourager l'influence positive au sein de son équipe. Il comprendra que chaque membre de l'équipe a quelque chose d'unique à apporter et cherchera à favoriser un environnement où les idées peuvent être partagées librement et où l'influence peut se développer naturellement.

D'un autre côté, une personne influente qui aspire à devenir un leader devra comprendre que le leadership ne consiste pas simplement à obtenir du pouvoir, mais à assumer la responsabilité de guider et de soutenir les autres.

Il est clair que l'équilibre entre le leadership et l'influence est délicat, mais essentiel pour créer un environnement de travail réussi. Il ne suffit pas d'être un leader ou une personne influente, il faut être les deux, pour vraiment faire une différence. Et c'est là que commence le véritable voyage, un voyage qui peut transformer non seulement votre carrière, mais aussi votre vie. Alors, êtes-vous prêt à relever ce défi ?

Passons maintenant à une comparaison concise entre les caractéristiques clés du leadership et de l'influence à travers ce tableau :

<u>Tableau 3 :</u> Comparaison entre Leadership et Influence

	Leadership	Influence
Définition	Le leadership implique souvent une position d'autorité hiérarchique. Il s'agit de guider son équipe vers un objectif commun, en prenant des décisions importantes et en assumant la responsabilité du groupe.	L'influence est la capacité de modifier les attitudes, les croyances, les opinions ou les comportements des autres, indépendamment du poste ou du titre. L'influence est basée sur la relation, le respect et la confiance.
Position	Le leadership est souvent associé à une position hiérarchique formelle.	L'influence peut être exercée indépendamment de la position hiérarchique.
Communication	Le leader donne des instructions claires et fournit des feedbacks constructifs.	L'influent utilise la persuasion et le consensus pour promouvoir ses idées.
Résolution de problèmes	Le leader prend des décisions éclairées et stratégiques pour l'ensemble de l'équipe.	L'influent propose des solutions créatives et suscite l'innovation au sein de l'équipe.
Relation avec les autres	Le leader a la responsabilité de guider et de soutenir les autres.	L'influent gagne le respect et la confiance des autres par sa crédibilité et son intégrité.
Impact sur l'équipe	Le leader définit la vision et les objectifs de l'équipe et les guide vers leur réalisation.	L'influent peut changer la dynamique de l'équipe en modifiant les attitudes et les comportements des autres.

XI

Chapitre 11

L'influence sociale

11.1 : L'influence dans un contexte social

Nous naviguons constamment à travers une mer de relations sociales. Des interactions quotidiennes aux réunions de famille, des événements corporatifs aux soirées entre amis, chaque interaction sociale que nous avons, que nous le réalisions ou non, est une occasion de nous faire entendre, de partager nos idées et d'exercer notre influence. Comment faire ? Comment devenir une figure d'autorité dans nos cercles sociaux et utiliser notre influence pour façonner les opinions, les comportements et les actions des autres ? Ce sous-chapitre vise à répondre à ces questions.

Pour commencer, il est important de comprendre que l'influence dans un contexte social est différente de l'influence dans un contexte professionnel ou personnel. L'influence sociale se produit souvent de manière plus subtile, sans que la personne influencée ne réalise qu'elle est guidée par une autre. Prenez par exemple une conversation entre amis sur un livre récent. Si l'un des amis, qui est un lecteur avide et respecté, exprime son admiration pour le livre, il est probable que les autres seront influencés par son opinion et chercheront à lire le livre eux-mêmes.

Une clé essentielle de l'influence sociale est l'authenticité. Si vous cherchez à influencer dans un contexte social, ne prétendez pas être quelqu'un que vous n'êtes pas. Par exemple, si vous n'êtes pas un grand amateur de sport, il serait faux de prétendre l'être juste pour influencer les autres. C'est l'authenticité qui crée la confiance, et c'est cette confiance qui ouvre la voie à l'influence.

Parallèlement à l'authenticité, l'écoute active est une autre composante clé de l'influence sociale. Pour exercer une influence, il faut d'abord comprendre les autres, leurs points de vue, leurs préoccupations et leurs aspirations. Cela implique une écoute attentive et empathique, montrant que vous vous souciez réellement de ce qu'ils ont à dire. C'est en établissant un lien profond avec les autres que vous pouvez influencer leur pensée et leurs actions.

Cela nous mène à l'importance de l'expertise. Dans le contexte social, l'influence n'est pas seulement une question d'être aimé ou respecté. Il s'agit aussi de posséder une certaine expertise ou connaissance que les autres reconnaissent. Pensez à la personne dans votre groupe d'amis qui est toujours à jour sur les dernières tendances de la mode. Cette personne est probablement très influente lorsqu'il s'agit de décider quoi porter pour une occasion spéciale.

Et tandis que l'expertise est importante, il est tout aussi crucial de savoir communiquer efficacement. Pour exercer une influence, vos idées doivent être clairement et efficacement communiquées aux autres. Cela ne signifie pas seulement bien parler, mais aussi utiliser des exemples pertinents, des histoires et des métaphores pour rendre vos points de vue plus compréhensibles et convaincants.

L'influence sociale nécessite une certaine flexibilité. Les relations sociales sont dynamiques et en constante évolution. Vos tentatives d'influence doivent être adaptées à la situation spécifique. Parfois, cela peut signifier prendre les devants et guider activement la conversation. D'autres fois, cela peut signifier rester en retrait et laisser les autres s'exprimer.

En naviguant dans le monde social, gardez à l'esprit que l'influence n'est pas une fin en soi, mais un outil pour créer un changement positif. Il est important de l'utiliser de manière éthique et responsable, en respectant toujours l'autonomie et la liberté de choix des autres.

Nous plongeant maintenant dans la suite du sujet, pour découvrir comment l'influence sociale est mise en jeu dans un contexte particulièrement répandu de nos jours : les médias sociaux. Comment cela se manifeste-t-il et comment peut-on influencer de manière responsable sur ces plateformes ? Nous l'explorerons dans prochain sous-chapitre.

11.2 : L'influence et les médias sociaux

Dans un monde où les médias sociaux sont omniprésents, il est impératif d'explorer leur potentiel en tant que plateformes d'influence. De Facebook à Instagram, de Twitter à TikTok, ces plateformes numériques permettent aux individus de toucher des milliers, voire des millions, de personnes à travers le monde.

Le pouvoir des médias sociaux en tant qu'outil d'influence réside dans leur capacité à connecter et à engager des individus de toutes cultures et de toutes classes socio-économiques. Ils permettent à chaque personne de partager sa voix et ses idées, donnant une tribune à ceux qui pourraient ne pas en avoir autrement. Les entreprises, les politiciens, les célébrités, et même Monsieur et Madame Tout-le-Monde peuvent créer des mouvements d'opinion, promouvoir des idées et changer des perceptions à travers ces plateformes.

Pour comprendre l'impact de l'influence des médias sociaux, il suffit de regarder l'émergence des "influenceurs". Les influenceurs sont des individus qui ont acquis un public important sur les médias sociaux et qui utilisent cette plateforme pour façonner les opinions, les comportements et même les tendances de consommation de leur public. C'est un nouveau type de leadership, qui repose sur la crédibilité personnelle, la proximité avec le public et l'authenticité.

Néanmoins, l'influence des médias sociaux n'est pas toujours positive. Elle peut aussi être utilisée pour propager de fausses informations, manipuler les émotions et les perceptions, et même inciter à la haine et à la violence. Il est donc crucial d'utiliser ces outils avec responsabilité et éthique.

Pour être un influenceur efficace sur les médias sociaux, il faut respecter plusieurs principes. Tout d'abord, il est crucial de comprendre son public. Chaque plateforme a ses propres caractéristiques démographiques et comportementales. Par exemple, Instagram est populaire auprès des jeunes adultes, tandis que Facebook a une audience plus large et plus diversifiée. Il est donc important d'adapter son message et son approche à la plateforme et à l'audience ciblée.

Deuxièmement, l'authenticité est clé. Les utilisateurs des médias sociaux sont souvent sceptiques face à la publicité et aux messages commerciaux. Ils recherchent des voix authentiques et des histoires réelles. Pour être un influenceur efficace, il faut donc être transparent, honnête et authentique.

Troisièmement, l'interaction est essentielle. Les médias sociaux ne sont pas une voie à sens unique. Ils sont une plateforme de dialogue et de discussion. Pour être un influenceur efficace, il faut donc interagir avec son public, répondre à ses commentaires, participer aux discussions, et même encourager le débat.

Finalement, il faut être constant. L'influence sur les médias sociaux se construit au fil du temps. Il faut publier régulièrement, partager des idées nouvelles et intéressantes, et rester engagé avec son public même en période de controverse ou de crise.

Pour illustrer cela, prenons l'exemple de Michelle, une blogueuse lifestyle. Michelle a commencé à partager ses idées sur la mode durable sur Instagram. Avec le temps, elle a développé une audience importante qui apprécie sa perspective unique et ses conseils pratiques. Michelle est authentique et transparente sur ses valeurs et ses choix de consommation. Elle interagit régulièrement avec son public, répond à leurs questions, et les encourage à partager leurs propres expériences. Malgré des commentaires négatifs et des controverses occasionnelles, Michelle est restée fidèle à elle-même et à sa mission. Aujourd'hui, elle est une influenceuse respectée dans le domaine de la mode durable et son influence s'étend bien au-delà de sa plateforme Instagram.

L'influence des médias sociaux est un phénomène complexe, qui nécessite une compréhension approfondie de la dynamique sociale, des comportements humains et des outils numériques. Pour devenir un influenceur efficace, il faut donc non seulement maîtriser les outils des médias sociaux, mais aussi comprendre les nuances de l'interaction humaine et le pouvoir de l'authenticité et de l'engagement. Il reste encore beaucoup à découvrir et à explorer dans ce domaine passionnant.

XII

Chapitre 12

Le futur de l'influence

12.1 : Les tendances émergentes de l'influence

Dans le domaine dynamique de l'influence, les changements sont la seule constante. À mesure que la technologie et la société évoluent, les méthodes d'influence se transforment en conséquence. Il est essentiel d'être à jour avec les dernières tendances pour maximiser votre capacité à influencer efficacement dans ce paysage changeant. Alors, quelles sont les tendances émergentes en matière d'influence ?

- ***Influence et intelligence artificielle***

L'essor de l'intelligence artificielle (IA) a transformé la façon dont l'influence est pratiquée. L'IA offre des possibilités d'analyse et de prédiction inégalées, ce qui permet de comprendre plus en détail les dynamiques complexes de l'influence. Par exemple, avec l'aide des algorithmes d'IA, nous pouvons maintenant prédire comment un individu réagira à un certain type de persuasion, en se basant sur une multitude de facteurs tels que l'humeur, les préférences personnelles et le contexte social.

Cela rappelle une expérience menée par une grande entreprise de technologie. En utilisant l'IA pour analyser les modèles d'achat de ses clients, l'entreprise a pu déterminer les produits que les clients étaient susceptibles d'acheter ensuite. Les résultats ont été utilisés pour personnaliser les publicités et les promotions, augmentant ainsi le taux de conversion.

Le lien entre l'influence et l'intelligence artificielle (IA) est une symbiose fascinante qui se déploie dans divers domaines, y compris le marketing, la politique et la gestion d'équipe.

***Intelligence artificielle* :** un outil puissant pour la compréhension et l'adaptation

L'IA nous offre des outils précieux pour comprendre les comportements, les motivations et les préférences individuelles. Avec l'aide de l'IA, nous pouvons analyser et interpréter de grandes quantités de données d'une manière qui serait impossible pour un être humain.

Un domaine où cette capacité est utilisée à son plein potentiel est le marketing. Les entreprises utilisent l'IA pour analyser les habitudes d'achat, les interactions sur les médias sociaux, les commentaires des clients et bien d'autres facteurs pour comprendre ce qui motive les décisions d'achat des consommateurs. Cette compréhension approfondie permet ensuite aux entreprises de personnaliser leurs messages et leurs offres pour répondre précisément aux désirs et aux besoins de chaque individu.

-   L'influence prédictive grâce à l'IA

En plus de nous aider à comprendre les comportements actuels, l'IA est également capable de prédire les comportements futurs. Par exemple, en analysant les données de navigation sur un site web, l'IA peut prédire avec une certaine précision les produits qu'un client est susceptible d'acheter à l'avenir. Cela donne aux entreprises une longueur d'avance pour influencer les décisions d'achat.

Il est essentiel de noter que ce pouvoir prédictif n'est pas limité au domaine du commerce. Dans le domaine politique, par exemple, l'IA est utilisée pour prédire les comportements de vote et aider les campagnes à cibler efficacement leurs efforts de persuasion. De même, dans le domaine de la gestion d'équipe, l'IA peut aider à anticiper les conflits ou les problèmes de performance et à y répondre avant qu'ils ne deviennent problématiques.

- L'IA et la personnalisation de l'influence

Une autre tendance émergente dans l'influence de l'IA est la personnalisation. Grâce à l'IA, nous pouvons adapter nos messages et nos tactiques d'influence de manière à résonner plus profondément avec chaque individu. Par exemple, l'IA peut nous aider à comprendre les préférences individuelles en matière de communication et à adapter notre approche en conséquence. De plus, l'IA peut nous aider à identifier les moments où les individus sont les plus réceptifs à l'influence et à synchroniser nos efforts pour maximiser leur impact.

L'IA offre une multitude de possibilités pour améliorer et affiner nos capacités d'influence. Cependant, il est essentiel de se rappeler que l'IA est un outil, pas une solution magique. L'efficacité de l'IA dépend en fin de compte de notre capacité à l'utiliser judicieusement et éthiquement.

Comment pouvons-nous intégrer l'IA dans nos efforts d'influence d'une manière qui respecte l'autonomie et la dignité des autres ? Et comment pouvons-nous utiliser l'IA pour créer une influence plus empathique et authentique ? Ce sont les questions que nous devons nous poser alors que nous naviguons dans ce nouveau paysage de l'influence.

• Micro-influence

La micro-influence est un concept qui gagne en popularité dans le monde de l'influence. Ce terme fait référence à l'impact significatif que peuvent avoir des individus qui, bien que disposant d'un nombre plus restreint de followers, bénéficient d'un niveau d'engagement et d'interaction exceptionnellement élevé de la part de leur public.

- L'émergence de la micro-influence

Les médias sociaux ont changé la donne en matière d'influence. Auparavant, l'influence était souvent associée à des figures publiques ayant une grande visibilité, comme les célébrités ou les personnalités politiques. Cependant, avec l'explosion des médias sociaux, la capacité à influencer n'est plus uniquement réservée aux personnes ayant une large portée. Les individus ordinaires peuvent désormais amasser des suivis significatifs et exercer une influence considérable au sein de leur communauté.

C'est ici que le concept de micro-influence entre en jeu. Les micro-influenceurs ont un nombre relativement plus restreint de followers - généralement entre 1 000 et 100 000. Cependant, leur influence est disproportionnée par rapport à leur taille. Ils ont souvent une forte connexion avec leur public, qui est généralement plus engagé, fidèle et réceptif à leurs messages.

- L'attrait de la micro-influence

Pourquoi les micro-influenceurs sont-ils si efficaces ? Tout d'abord, ils sont souvent perçus comme plus authentiques et plus crédibles que les influenceurs de grande envergure. Leur public les voit comme des pairs plutôt que comme des célébrités intouchables, ce qui rend leurs recommandations et leurs conseils plus crédibles et plus pertinents.

Deuxièmement, les micro-influenceurs ont souvent une niche spécifique ou un domaine d'expertise. Cela signifie qu'ils ont un public très ciblé qui est particulièrement intéressé par ce qu'ils ont à dire. Cette audience de niche peut être extrêmement précieuse pour les marques ou les individus qui cherchent à influencer un groupe spécifique.

-     Micro-influence et stratégie d'influence

Alors, comment peut-on utiliser la micro-influence dans une stratégie d'influence plus large ? Une approche consiste à collaborer avec des micro-influenceurs qui ont une audience qui correspond à votre public cible. Par exemple, une marque de vêtements de plein air pourrait collaborer avec des micro-influenceurs dans le domaine du plein air et de l'aventure.

Il est également possible d'adopter une approche de micro-influence dans votre propre pratique d'influence. Cela pourrait signifier se concentrer sur la construction de relations authentiques et significatives avec votre public, plutôt que de chercher à atteindre le plus grand nombre de personnes possible.

La micro-influence représente une approche plus démocratique et accessible de l'influence. Elle démontre que tout le monde a le potentiel d'influencer son environnement, peu importe la taille de son audience. Et, comme nous naviguons dans l'ère numérique de l'influence, il est probable que la micro-influence continuera à jouer un rôle clé.

Quel rôle la micro-influence joue-t-elle dans votre propre pratique de l'influence ? Et comment pouvez-vous collaborer avec des micro-influenceurs pour atteindre vos objectifs d'influence ? Ce sont des questions intéressantes à explorer.

- **L'humanisation de l'influence**

L'humanisation de l'influence est une notion qui prend de plus en plus d'importance dans notre société. Elle se réfère à l'idée que l'influence doit être basée sur une compréhension authentique et empathique des autres, plutôt que sur la manipulation ou la coercition.

- L'importance de l'humanisation de l'influence

Pourquoi l'humanisation de l'influence est-elle importante ? Dans un monde où nous sommes constamment bombardés de messages et de tentatives d'influence, les individus sont de plus en plus sceptiques à l'égard de ceux qui tentent de les persuader.

En revanche, les approches de l'influence qui sont basées sur l'authenticité, l'empathie et la compréhension sont plus susceptibles de résonner. Les individus sont plus réceptifs aux messages qui leur semblent sincères et respectueux de leur autonomie.

- Comment humaniser l'influence

Alors, comment pouvons-nous humaniser notre influence ? Voici quelques approches clés :

Authenticité : Être authentique signifie être fidèle à soi-même et transparent dans ses intentions. Il s'agit de partager ses propres expériences, sentiments et convictions de manière honnête et ouverte.

Empathie : L'empathie est la capacité de comprendre et de partager les sentiments des autres. Elle implique de prendre le temps de comprendre les perspectives et les expériences des autres, et de montrer un véritable intérêt pour leur bien-être.

Écoute active : L'écoute active est une composante essentielle de l'influence humanisée. Elle implique de donner toute son attention à la personne avec qui l'on interagit, de comprendre son point de vue et de répondre de manière réfléchie et respectueuse.

Respect : Enfin, le respect est un élément fondamental de l'influence humanisée. Il s'agit de valoriser les autres en tant qu'individus autonomes, avec leurs propres sentiments, idées et droits.

- L'humanisation de l'influence et le futur

L'humanisation de l'influence est plus qu'une tendance passagère. C'est une évolution nécessaire de notre compréhension de l'influence dans une ère numérique saturée d'informations. Alors que nous nous tournons vers l'avenir, il est essentiel que nous continuions à explorer et à approfondir cette approche.

Comment pouvons-nous mettre en pratique l'influence humanisée dans nos propres vies ? Et comment pouvons-nous utiliser l'influence humanisée pour construire des relations plus authentiques et significatives ? Ce sont des questions qui méritent d'être explorées alors que nous naviguons dans le paysage en constante évolution de l'influence.

• *L'humanisation de l'influence*

L'humanisation de l'influence est une tendance qui place les individus, et non les stratégies, au cœur des efforts de persuasion. Elle souligne l'importance de la connexion humaine authentique, de l'empathie et de la considération de l'individualité dans l'art de l'influence.

- L'émergence de l'humanisation de l'influence

À une époque où les médias numériques et la technologie façonnent de manière prépondérante la façon dont nous communiquons et interagissons, une tendance à l'humanisation de l'influence émerge en réponse. C'est une réaction à un environnement où les tactiques d'influence peuvent sembler impersonnelles et déshumanisantes, un environnement dans lequel l'individu peut se sentir noyé dans un océan de messages publicitaires et de tentatives de persuasion.

- L'importance de l'humanisation de l'influence

Au cœur de l'humanisation de l'influence se trouve une réelle prise de conscience de l'autre en tant qu'individu unique, avec ses propres expériences, sentiments et perspectives. Cette approche va au-delà de la simple vue de l'autre comme d'un destinataire passif d'un message d'influence, pour le reconnaître comme un être humain complexe qui interagit activement avec l'information qui lui est présentée.

L'humanisation de l'influence est importante car elle favorise un engagement plus profond et plus significatif. En traitant les individus avec respect et en reconnaissant leur humanité, nous sommes plus susceptibles de développer des relations solides et durables, ce qui est crucial pour une influence durable et efficace.

-   Mettre en œuvre l'humanisation de l'influence

Pour humaniser l'influence, il est essentiel d'écouter activement et de faire preuve d'empathie. L'humanisation de l'influence implique également l'authenticité : être vrai dans nos interactions et nos intentions.

Il convient également de noter que l'humanisation de l'influence ne signifie pas renoncer à l'utilisation des outils technologiques ou des données. Au contraire, ces outils peuvent être utilisés pour renforcer l'humanisation de l'influence en nous aidant à mieux comprendre les individus et à personnaliser nos interactions avec eux.

-   L'avenir de l'humanisation de l'influence

L'humanisation de l'influence devient un concept de plus en plus influent dans notre société. À mesure que les technologies continuent d'évoluer et que notre monde devient de plus en plus interconnecté, il est probable que la nécessité de l'humanisation de l'influence ne fera que croître.

Alors que nous naviguons dans ce nouveau paysage, nous sommes appelés à réfléchir aux façons dont nous pouvons intégrer l'humanisation de l'influence dans nos propres efforts de persuasion. Comment pouvons-nous nous connecter de manière authentique et empathique avec les autres, tout en respectant leur individualité et leur autonomie ? C'est une question à laquelle nous devons tous réfléchir.

- ***Influence à travers la narration***

La narration est un outil puissant dans l'art de l'influence. Elle permet de créer des liens émotionnels, de susciter l'empathie et d'encapsuler des idées complexes dans des histoires simples et accessibles.

- La narration comme outil d'influence

Les êtres humains sont câblés pour les histoires. Les récits font appel à notre imagination, suscitent des émotions et nous aident à donner un sens au monde qui nous entoure. En utilisant la narration, nous pouvons influencer en créant une expérience partagée, en captivant l'attention et en suscitant l'empathie.

- L'art de la narration

Bien que la narration soit un outil d'influence puissant, l'art de raconter des histoires de manière efficace nécessite de la pratique. Voici quelques éléments clés à considérer :

Clarté : Votre histoire doit être facile à suivre et à comprendre. Veillez à ce que votre récit ait un début, un milieu et une fin claire.

Pertinence : Les meilleures histoires sont celles qui résonnent avec votre public. Assurez-vous que votre histoire est pertinente pour les personnes à qui vous vous adressez.

Émotion : Les histoires qui touchent nos émotions sont souvent les plus impactantes. N'hésitez pas à intégrer des éléments qui suscitent de l'émotion, que ce soit de la joie, de la tristesse, de la surprise ou de l'inspiration.

Authenticité : Les histoires authentiques ont tendance à avoir plus d'impact. Ne craignez pas de partager vos propres expériences et de montrer votre vulnérabilité.

- La narration à l'ère numérique

Avec l'avènement du numérique, la narration a pris de nouvelles formes. Nous ne nous limitons plus aux récits écrits ou oraux traditionnels. Aujourd'hui, nous avons accès à une multitude de plateformes et de formats pour raconter nos histoires, des vidéos et des podcasts aux médias sociaux et aux blogs.

Cependant, bien que les outils et les plateformes puissent changer, les principes fondamentaux de la narration restent les mêmes. Que vous racontiez votre histoire à travers un tweet, un podcast ou une vidéo, n'oubliez pas l'importance de la clarté, de la pertinence, de l'émotion et de l'authenticité.

Alors, comment pouvez-vous utiliser la narration pour influencer ? Quelles histoires pouvez-vous raconter qui résonneront avec votre public, susciteront de l'émotion et transmettront vos messages clés de manière mémorable ? La maîtrise de l'art de la narration peut être une arme puissante dans votre arsenal d'influence.

Ces tendances ne sont que quelques-unes des façons dont le paysage de l'influence est en train de changer. Mais une chose est claire : l'influence est plus dynamique et complexe que jamais. Il est essentiel de rester informé et adaptable pour rester efficace en tant qu'influenceur dans ce monde en constante évolution.

Alors, comment pouvez-vous utiliser ces tendances pour renforcer votre influence ? Quel rôle l'intelligence artificielle, la micro-influence, l'humanisation et la narration vont-ils jouer dans votre stratégie d'influence ? L'exploration de ces questions est essentielle pour naviguer dans le futur de l'influence.

12.2 : Être un leader d'influence dans un monde en constante évolution

Dans le contexte effervescent de notre époque, le rôle des leaders est constamment remodelé par les vagues incessantes de changement. L'influence, une compétence précieuse dans le leadership, est elle-même sujette à l'évolution. Pour comprendre comment devenir un leader d'influence dans un monde en perpétuel mouvement, nous devons d'abord explorer les défis et les opportunités que cette réalité inédite nous présente.

Il existe un vieux proverbe chinois qui dit : "Quand le vent du changement souffle, certains construisent des murs, d'autres des moulins." C'est particulièrement vrai dans le monde des affaires d'aujourd'hui. Ceux qui résistent au changement finissent par être laissés pour compte, tandis que ceux qui l'adoptent et l'exploitent tirent parti des nouvelles opportunités.

De ce fait, le leader influent de demain doit être capable de comprendre et d'anticiper les tendances futures, de s'adapter rapidement et de guider ses équipes à travers les perturbations. C'est un véritable défi de navigation dans les eaux tumultueuses du changement. Il n'est plus suffisant de se reposer sur des acquis passés, le leader d'influence doit sans cesse se réinventer et réinventer sa manière d'influencer.

Par ailleurs, l'ère du numérique offre de nouvelles plateformes d'influence. Les réseaux sociaux, les blogs, les podcasts, les vidéos en ligne - tous ces canaux sont de puissants leviers d'influence qui peuvent toucher des milliers, voire des millions de personnes.

Imaginez un dirigeant d'entreprise qui utilise les médias sociaux pour partager ses pensées et ses perspectives sur les tendances de l'industrie, pour valoriser les succès de son équipe ou pour communiquer la vision et les valeurs de son entreprise. Ce dirigeant n'est pas seulement en train de faire du marketing, il est en train d'exercer son influence.

L'authenticité est un autre aspect crucial du leadership d'influence dans le monde moderne. Les gens aspirent à suivre des leaders qui sont vrais, qui sont humains. Les leaders qui montrent de l'empathie, qui font preuve de vulnérabilité, qui admettent leurs erreurs, qui sont prêts à apprendre et à grandir - ce sont les leaders qui gagnent le respect et l'adhésion de leurs équipes.

Prenons l'exemple d'une leader d'entreprise qui, après un échec majeur d'un produit, a publiquement reconnu ses erreurs, a partagé les leçons apprises et a détaillé les mesures prises pour éviter que cela ne se reproduise. Cette démarche authentique a non seulement atténué les retombées négatives de l'échec, mais a également renforcé la confiance de ses employés et de ses clients en elle et en son entreprise.

Dans un monde de plus en plus diversifié et interconnecté, le leader d'influence doit aussi savoir transcender les frontières culturelles et linguistiques. Il doit être capable de comprendre et d'apprécier les différences, d'établir des ponts et de favoriser la collaboration entre des individus de tous horizons.

Imaginez un leader de projet international qui, malgré les différences de fuseaux horaires, de langues et de cultures, réussit à faire travailler ensemble des équipes dispersées dans le monde entier pour atteindre un objectif commun. Cette capacité à unir et à diriger des équipes diverses est une forme d'influence particulièrement précieuse dans le monde globalisé d'aujourd'hui.

Au cœur de tout cela, cependant, le principe fondamental du leadership d'influence reste le même : il s'agit de créer des relations de confiance et de respect, de favoriser un sentiment d'appartenance et d'inspirer les autres à donner le meilleur d'eux-mêmes. Peu importe à quel point le monde change, ces éléments restent les pierres angulaires de l'influence.

Alors, que nous réserve l'avenir ? Dans un monde où le changement est la seule constante, il est difficile de prédire avec certitude. Toutefois, il est clair que le leader d'influence de demain devra être un caméléon, capable de s'adapter et de prospérer dans un environnement en constante mutation. Il devra être un explorateur, prêt à plonger dans l'inconnu et à tracer de nouvelles voies. Et, peut-être plus que tout, il devra être un gardien, veillant à ce que l'influence soit utilisée de manière éthique et bénéfique, pour le bien de tous.

Qui sait quels nouveaux défis et opportunités nous attendent ? Les leaders influents de demain auront certainement beaucoup à découvrir et à apprendre.

Conclusion

Alors que nous nous tournons vers l'avenir, l'influence demeure un outil essentiel dans l'arsenal d'un leader. Cependant, nous avons constaté que le contexte dans lequel cette influence s'exerce évolue rapidement, notamment avec l'avènement de l'ère numérique. Cette nouvelle ère ouvre des opportunités pour influencer, tout en soulignant l'importance de l'authenticité, de la transparence et de la capacité à surmonter les barrières culturelles. En tant que leaders, nous devons nous adapter à ces changements et être prêts à anticiper et à naviguer à travers les perturbations futures.

L'art de l'influence est indéniablement complexe et nuancé, nécessitant un équilibre délicat entre l'assertivité et l'empathie, entre l'audace et l'écoute. Il requiert une remise en question constante, une évolution continue et, surtout, une attention bienveillante envers ceux que nous cherchons à influencer.

Alors que nous avançons dans cette ère d'incertitude et de possibilités, nous devons garder à l'esprit que notre influence est aussi puissante que les liens de confiance et de respect que nous tissons avec les autres. En fin de compte, être un leader d'influence dans ce monde en constante évolution va bien au-delà du pouvoir ou du prestige, c'est avant tout une question de responsabilité et de service. Comment allez-vous utiliser votre influence pour façonner l'avenir ? Quel type de leader souhaitez-vous devenir ? Et comment comptez-vous aider les autres à réaliser leur potentiel ? Ces questions seront décisives pour les leaders d'influence de demain.

www.ingramcontent.com/pod-product-compliance
Lightning Source LLC
Chambersburg PA
CBHW050735260726
48661CB00001B/251